A ARTE DE CAMINHAR
Ilha de Maré

A ARTE DE CAMINHAR
Ilha de Maré

Karla Brunet
(Organizadora)

ecoarte
Proext/UFBA
2018

Capa: Karla Brunet e Andressa Melo
Revisão: Ariane Silva, Gilberto Pinheiro, Monique Feitosa
Projeto Gráfico e editoração: Andressa Melo e Karla Brunet

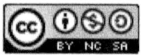

Primeira Impressão: 2018

A arte de Caminhar: Ilha de Maré / Karla Brunet (organizadora). – Salvador: ECOARTE/UFBA, 2018.
122 p.

ISBN - 978-1-387-87476-7

1. Arte e Caminhar 2. Prática Artística 3. Formas de Arte. I. Brunet, Karla. II. Ecoarte

Ecoarte/UFBA
Rua Barão de Jeremoabo, s/n, Ondina
Salvador, BA 40170-115
www.ecoarte.info
Tel: +55(71) 3283-6787
email@ecoarte.info

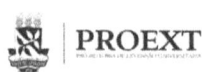 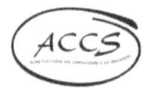

AGRADECIMENTOS

Gostaria de agradecer à PROEXT/UFBA ao edital da ACCS que possibilitou este livro e o projeto A Arte de Caminhar.

Agradeço imensamente aos professores e estudantes da Escola Municipal Ilha de Maré que nos acolheram e aceitaram fazer parte deste projeto de forma tão enriquecedora.

Agradeço a todas as bolsistas do Grupo de Pesquisa Ecoarte que ajudaram e se dedicaram ao máximo para que este projeto e livro se tornassem realidade.

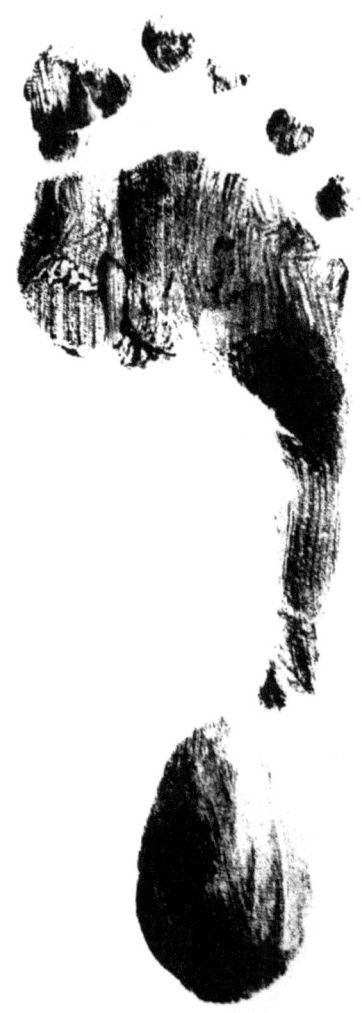

Sumário

O Ato de Caminhar

A Arte de Caminhar.
Uma prática artística na Ilha de Maré
Karla Brunet

Nossa vida ficou cada vez mais acelerada, os deslocamentos de um lado para outro devem ser rápidos. Essa rapidez gerada pelo locomover de um ponto a outro de carro/metrô/avião/trem, não trouxe mais tempo para nós, e sim mais tempo para produzirmos. Quanto mais rápido nos locomovemos, mais ocupados estamos. Caminhar é ter um tempo para si mesmo. O ato de caminhar faz com que desaceleremos um pouco, que possamos observar nosso entorno.

Esse artigo foca no ato de caminhar num caminhar como ação artística, como ato político, como conexão com a natureza. É um artigo e, também, um projeto sobre sair da vida urbana, da cidade, da rotina apressada e entrar na natureza.

A antropóloga especializada em cyborg, Amber Case, em uma entrevista para o jornal El Pais "O celular é o novo cigarro: se fico entediada, dou uma olhada nele. Está nos escravizando"[1] fala sobre nosso vício pelo celular e aponta como única saída para combater esse vício é nos voltarmos

---

[1]URL: http://brasil.elpais.com/brasil/2017/12/05/tecnologia/1512483985_32011 5.html

para a natureza. Esse projeto A Arte de Caminhar propõe colocar em prática esse escape. Sair da cidade e caminhar em locais que não tenham acesso ao serviço de celular, locais onde o caminhar não é no asfalto. Reaprendermos a conectar com a natureza por nosso movimento corporal. É uma forma de desconectarmos do mundo acelerado em que vivemos. Estarmos abertos a parar, conversar com as pessoas, escutar histórias, conhecer mais sobre a biodiversidade.

O caminhar e a escrita

No decorrer da história, filósofos e escritores usaram a caminhada como parte do processo de criação. Rousseau era o caminhante romântico em busca de uma natureza pura. Afirmou que só conseguia meditar quando caminhava. Kant era conhecido por ter um horário fixo para suas caminhadas diárias, caminhava para depois sentar e escrever. Já Friedrich Nietzsche escrevia enquanto caminhava (SOLNIT, 2016; COVERLY, 2015). Henry David Thoreau (2012) optou por caminhar na natureza como uma forma de fugir da sociedade, de entender que somos parte do meio ambiente.

Poetas e escritores também basearam suas escritas na caminhada. Um dos clássicos da poesia e caminhada foi William Wordsworth que caminhou por dias, semanas, meses para escrever centenas de poemas que contavam seus encontros e percepções nessas caminhadas. Virginia Woolf, em 1930, escreveu o ensaio 'Street Haunting: A London Adventure' – traduzido no Brasil como "Batendo pernas nas ruas: uma aventura em Londres" – sobre sua caminhada por Londres quando saiu para comprar um lápis. É um ensaio que narra o prazer de percorrer as ruas de Londres num dia de inverno.

Em "Trilhas: A incrível jornada de uma mulher pelo deserto australiano" Robyin Davidson conta de forma pessoal e introspectiva a sua história de caminhada no *outback* australiano. Nos anos 70, com 27 anos, Robyin cruzou o deserto da Austrália em direção ao mar acompanhada de quatro camelos e sua cadela de estimação. Foram quase 3 mil quilômetros de caminhada numa jornada de nove meses que exigiu força e persistência. Reflexões sobre identidade e a sensibilidade da autora são sentidas na escrita.

Outro escritor que narra uma jornada caminhando é Werner Herzog em "Of walking on ice" – sem tradução no Brasil. O livro conta a caminhada que Werner realizou de Munique a Paris quando soube que sua amiga Lotte Eisner estava muito doente, prestes a morrer. Nesse dia, Werner decidiu ir caminhando até Paris para encontrar a amiga. Sua caminhada seria uma forma de manter sua amiga viva. O livro é escrito em forma de diário, cada capítulo é um dia, começando em 23 de novembro e terminando em 14 de dezembro. Como no livro de Robyn, a ideia de caminhada está ligada a um sentimento forte, de superação e, também, espiritual. Esses são somente alguns dos diversos exemplos de caminhada e escrita. A literatura clássica e contemporânea está recheada de livros baseados em caminhadas ou escrito enquanto caminhando.

Caminhar como ação política

Caminhar por si só pode ser considerado um ato político quando pensamos nas cidades e metrópoles em que vivemos onde o carro é o protagonista no planejamento urbano. As grandes cidades brasileiras não são feitas para caminhar, sua escala está voltada para o uso de carros e ônibus. Mesmo quando queremos caminhar, encontramos barreiras simples como a falta de calçada, de formas de cruzar ruas, viadutos sem possibilidade de caminhada. Além do perigo eminente que, ao caminhar em determinados lugares, podemos ser roubados ou agredidos fisicamente, especialmente se somos mulheres. Insistir em querer caminhar como modo de locomoção nas grandes cidades é sim um ato político. Quando menos gente caminhar, mais perigoso ficará e menos atenção política recebemos de infra-estrutura para os pedestres.

Como parte deste processo de leitura e conscientização sobre a caminhada, este ano vendi meu carro e comecei a ir – algumas vezes por semana – a pé ao trabalho. Levo 45 minutos em cada trajeto. Sendo mulher, ainda é mais preocupante o horário limite que tenho para voltar para casa. Caminhar é uma forma de transgredir os valores consumistas e a política 'carrocêntrica' da cidade.

No decorrer da história, existiram diversas marchas onde a caminhada foi forma de demonstração política. Neste artigo, selecionei três como exemplo. O primeiro é um movimento que ocorreu em Londres nos anos 90 e se propagou para outros lugares do mundo, o chamado *Reclaim the*

Streets[2]. A proposta era usar as ruas como espaços de lazer, trazer as pessoas para as ruas e mostrar que as ruas não eram somente dos carros. Foram realizadas diversas festas e atividades culturais nas ruas para trancarem o trânsito e retomarem o espaço público urbano.

Um exemplo marcante da história da caminhada política foi a marcha de Selma a Montgomery[3]. Foram caminhadas realizadas em 1965 e lideradas por Martin Luther King Jr. em prol do direito dos americanos africanos ao voto nos Estados Unidos. Nas primeiras tentativas de marcha a polícia usou da violência para restringir o movimento. O marco foi no dia 16 de março de 1965 quando os manifestantes cruzaram a ponte em direção a Montgomery e a polícia abriu caminho. Uma das caminhadas políticas mais emocionantes televisionada.

Outra marcha histórica é a chamada Marcha do Sal ou Satyagraha[4] realizada na Índia. Foi uma caminhada de quase 400km liderada por Gandhi em protesto às imposições britânicas contra a extração de sal na Índia colonial. Gandhi e seu seguidores caminharam até o mar. Foram 25 dias de caminhada, de 12 de março a 6 de abril quando Ghandhi chegou no litoral e pegou um punhado de sal. Gandhi e seu seguidores foram presos, mas a marcha seguiu em direção às salinas na região de Bombaim – atual Mumbai.

Caminhar como ação artística

A caminhada também faz parte da arte contemporânea. Richard Long, Marina Abramovic e Ulay, Francis Alys, Regina José Galindo, Simon Faithfull, Laurent Malone e Dennis Adams são alguns dos exemplos de artistas que se utilizam do caminhar como ação artística.

Richard Long, durante toda sua carreira artística, utilizou da caminhada como forma de construção da arte ou de entender o espaço da arte. Um dos clássicos exemplos é A Line Made by Walking, 1967[5] onde o artista caminhou diversas vezes, ida e volta, num gramado no interior da Inglaterra. Os traços dessa caminhada criaram uma linha que foi fotografada como

---

[2]Mais informações na URL: http://www.bl.uk/learning/histcitizen/21cc/counter culture/disruption/reclaim/reclaimthestreets.html
[3] Mais informações na wikipedia: https://pt.wikipedia.org/wiki/Marchas_de_Selma_a_Montgomery
[4] Mais informações na Wikipédia: https://pt.wikipedia.org/wiki/Marcha_do_Sal
[5] URL: http://www.richardlong.org/Sculptures/2011sculptures/linewalking.html

forma de objetificar a obra de arte. Em outras obras posteriores como Dusty Boots Line Sahara (1988)[6] e Nomad Circle (1996)[7], Long também usa formas simples como linha e círculo para representar suas caminhadas na natureza. Richard Long afirmou: "Gosto da arte simples, prática, emocional, tranqüila, vigorosa, gosto da simplicidade de caminhar."(Lailach, 2007, p.70). A caminhada pode ser identificada em toda obra de Long, tanto nas mais literais, que foram baseadas em uma caminhada, como nas que a caminhada foi somente um ponto inicial para se realizar algo.

Em 1988, Marina Abramovic e Ulay realizaram a obra The Lovers - The Great Wall: Lovers at the Brink (Os Amantes – A Grande Muralha: amantes à beira)[8]. Depois de muitos anos de negociação com o governo chinês, os dois partiram para uma performance/caminhada na Grande Muralha da China. Marina Abramovic caminhou em direção a oeste, partindo do Mar Amarelo, enquanto Ulay caminhou em direção a leste, partindo da fronteira com o deserto de Gobi. Depois de reduzirem de um ano para 6 meses o percurso da caminhada. E, finalmente, caminharam por 3 meses para se encontrarem no meio do caminho, em Shenmu, na província de Shaanxi e disseram adeus. Foi o fim da relação deles como dupla artística, como casal. (O'ROURKE, 2016). A performance é conhecida como um dos clássicos da arte e caminhada. Aqui, o tempo, as reflexões durante o percurso e os sentimentos foram representados nessa ação artística e documentados em fotografia e vídeo.

Uma mescla de ativismo e arte é o trabalho de Francis Alys, The Green Line (Jerusalém 2004)[9] onde o artista caminhou derramando uma tinta verde pelos arredores de Jerusalém, tentando desenhar a linha verde existente no mapa. Alys diz que "às vezes, fazer algo poético pode se tornar político e, às vezes, fazer algo político pode se tornar poético"[10]. O rastro da caminhada – feito com 58 litros de tinta e documentado em vídeo – trouxe à tona discussões sobre território, lugar e fronteiras.

---

[6] URL: http://www.richardlong.org/Sculptures/2011sculpupgrades/dusty.html
[7] URL: http://www.richardlong.org/Sculptures/2011sculpupgrades/nomad.html
[8] Mais informações no: https://publicdelivery.org/marina-abramovic-the-lovers-the-great-wall-walk/
[9] URL: http://francisalys.com/the-green-line-albert-agazarian/
[10] Tradução do original: "Sometimes doing something poetic can become political and sometimes doing something political can become poetic."

Em 2003, Regina José Galindo apresenta uma arte política engajada com a situação política de seu país, Guatemala. Na sua performance/caminhada "Quien puede Borrar las huellas", Regina caminhou na frente do Congresso Nacional deixando pegadas de sangue pelo chão. A cada poucos passos, a artista parava e mergulhava seus pés numa bacia cheia de sangue humano que ela carregava durante a caminhada. A obra é um protesto contra a candidatura a presidência do ex-ditador José Efraín Ríos. As pegadas, como as linhas de Long, deixam marcas no chão para desenhar com o corpo este novo espaço da arte.

O inglês Simon Faithfull em Going Nowhere 2 (Indo a lugar Nenhum 2) caminha em um terreno não tão explorado artisticamente, o subaquático. Simon, vertido com calças jeans e camisa branca, parece caminhar de forma objetiva se distanciando da câmera. Não entendemos onde ele quer chegar, mas percebemos que possui um objetivo pré-determinado. O trabalho em vídeo é uma segunda versão, na Going Nowhere 1, Simon caminha num terreno nevado e com muito vento até sua silhueta quase desaparecer do vídeo e depois volta.

Nos Estados Unidos, Laurent Malone e Dennis Adams realizaram uma caminhada de 11 horas saindo do centro de Nova Iorque ao aeroporto JFK. Começando às 8 horas da manhã, cruzaram ruas movimentada, subúrbios, pontes, viadutos, cemitérios. O propósito era tirar indeterminado número de fotos do percurso com uma câmera 35mm, sempre em duplas, cada um fazia a foto na direção oposta a do outro. Quando um parava para uma fotografia, logo a câmera do outro deveria realizar uma foto exatamente na direção oposta. O resultado foi um livro contendo 243 pares de imagens na seqüência que foram feitas e impressas lado a lado. Aqui, o resultado é uma geografia visual do percurso que foi criada pela caminhada e as regras do jogo artístico proposto.

Uma referência no Brasil em arte e caminhada é a artista paulistana Edith Derdyk. Seu trabalho com linhas e desenhos representam uma espacialidade do percurso caminhado. Em sua instalação "Fantasmagoria", Edith diz ter usado 80km de linha e muitas caminhadas para poder construir sua obra. Além das obras a partir de caminhadas, a artista desenvolve o projeto "Bagagem: caminhada como prática poética"[11], promove residências artísticas de caminhadas poéticas e coordena a Pós-graduação Lato Senso

---

[11] Url: http://bagagem-caminhada.blogspot.com/

"Caminhada como Método para Arte e Educação"[12] na Casa Tombada. Caminhada é parte de sua ação artística.

Esses projetos artísticos descritos acima são somente uma pequena mostra da variedade de obras que usam o caminhar como ação artística, são performances, vídeos, fotografias, telas, *land art*, música, ativismo, entre outros.

Caminhar e a Ilha de Maré

Nesta edição de 2018.1 do projeto A Arte de Caminhar, fizemos as caminhadas na Ilha de Maré, parte do município de Salvador e localizada na Baia de Todos os Santos. As caminhadas foram uma imersão na natureza do lugar, contato com a comunidade local e com a biodiversidade da região.

A comunidade da Ilha de Maré não possui carros ou ônibus, o transporte é feito principalmente por meio de barco e caminhadas. Como a região da ilha possui algumas colinas, mangue e lama, as caminhadas e intercâmbios entre uma localidade e outra é escassa. Existe um maior intercâmbio com o continente do que com o outro lado da ilha. A mobilidade é precária dentro da ilha. O barco é o meio de transporte mais difundido. As gerações passadas caminhavam entre uma comunidade e outra da ilha. Atualmente, os jovens já não caminham tanto ou não possuem o hábito de caminhar longas distâncias. Caminhar virou perda de tempo e algo sem sentido.

A população vive principalmente da pesca e do turismo. A agricultura familiar também é uma das atividades de sustento. Muitos dos moradores trabalham no continente já que o transporte entre ilha e o continente é relativamente rápido. Em visitas prévias ao projeto, percebi que existe uma falta de interesse dos moradores pela sua própria região. O calor, a lama e o relevo fazem com que a preferência seja ir para cidade do que caminhar para outra região da ilha. A mobilidade entre comunidades da própria ilha não é incentivada ou preocupação da gestão da região. A proposta destas caminhadas é motivar uma topofilia (Yi-Fu Tuan, 1990) dos habitantes da ilha por seu território. Na rotina diária, tomamos como certo o lugar que vivemos. Algumas vezes é importante parar para refletir sobre

---

[12] URL: http://acasatombada.com.br/arte-e-educacao-caminhada-como-metodo2osemestre-2018/

nosso território. Na medida que os estudantes locais estiveram em contato com os estudantes da UFBA e foram eles os protagonistas, os que conheciam o local, percebi que demonstraram esse cuidado com seu lugar.

Para Tuan (2001: 66), "o espaço se torna lugar à medida que o conhecemos melhor e damos valor a ele"[13]. O espaço deixa de ser abstrato e a medida que o experimentamos em diversas extensões (pessoal, social, cultural e física) se torna um lugar. A coleta de narrativas e a experiência na natureza proporcionou um imaginário comum de pertencimento do lugar.

A ACCS (Atividade Curricular em Comunidade e Sociedade) propõe um pensamento crítico sobre a ação de caminhar como um ato artístico, social e político. A arte, aqui, é o modo de atingir esse objetivo. Através dessas caminhadas na comunidade da Ilha de Maré, os estudantes da UFBA ficaram mais perto da natureza e em interação com a população da ilha. A troca de experiências desses alunos e dos moradores da ilha, tanto com os estudantes locais que caminharam com o grupo quanto dos habitantes que encontramos pelo caminho foram de grande importância para a formação acadêmica e social dos alunos. Nosso objetivo era incentivar o ato de caminhar, construir uma maior conexão com a natureza e com os espaços pouco habitados do município de Salvador e produzir uma experiência de estética ambiental.

Mesmo morando em uma Ilha sem transporte público terrestre, os moradores da Ilha de Maré estão cada vez mais caminhando menos. Essa ACCS buscou resgatar esse ato de caminhar nos jovens moradores da Ilha de Maré e nos jovens estudantes da UFBA. Ao caminhar, esperava-se:

- aumentar o respeito pela natureza;
- incentivar o contato com as comunidades vizinhas;
- entender melhor seu meio ambiente;
- descobrir nova forma de locomoção;
- incentivar o respeito pelo outro;
- aumentar a concentração;
- estimular nos habitantes locais a uma topofilia pelo lugar onde vivem;
- melhorar a saúde e o condicionamento físico;
- reduzir o estresse.

---

[13] Traduzido de: "space becomes place as we get to know it better and endow it with value."

Em Maré, qualquer morador sabe diferenciar os tipos de caranguejos, enquanto que os moradores do continente, só conhecem o nome genérico. Essas caminhadas foram uma forma de conexão com a comunidade e o lugar. Caminhamos juntos com 20 estudantes e 3 professores da Escola Municipal de Ilha de Maré. Os professores que nos acompanharam eram de arte e de geografia e os estudantes eram de diferentes séries, 5°, 9° e EJA (Educação de jovens e adultos)[14]. Os estudantes adultos atuaram como líderes nessas caminhadas, indicando caminhos e sugerindo trajetos.

A ACCS "A Arte de Caminhar" é um componente curricular que leva o estudante para fora da sala de aula. Convida à prática do caminhar. Tanto um caminhar como forma de locomoção, como um caminhar como ação artística, como imersão na natureza, como ato político, como ato espiritual e/ou filosófico. A proposta é sair da UFBA, da nossa zona de conforto, da região que vivemos e caminharmos em uma outra localidade da cidade, pouco habitada. Enfrentar o calor, a lama, a chuva, o sol, o desconhecido.

Produções da ACCS A Arte de Caminhar

Nessa ACCS de 2018.1, os estudante da UFBA precisavam fazer alguma produção escrita, visual ou sonora sobre sua caminhada. Foram convidados a pensar numa materialidade dessas caminhadas. Surgiram, então, ensaios, poesias, contos, esculturas, bordados, fotografias, desenhos, pinturas, *string art*, vídeos e colagens. Neste livro, apresentamos a seguir cada obra resultante dessa experiência e intercâmbio na ilha. Espero que desfrutem.

Referências bibliográficas:

COVERLY, M. **A arte de Caminhar: O Escritor como caminhante**. São Paulo: Martins Editora Fontes,2015.

LAILACH, M. **Land Art**. Köln: Taschen, 2007.

---

[14] Lista da equipe da caminhada ACCS 2018.1 http://caminhar.ihac.ufba.br/index.php/2018/04/19/equipe/

O'ROURKE, K. **Walking and Mapping. Artists as Cartographers.** Cambridge, Massachusetts, London, England: MIT Press, 2016.

SOLNIT, R. **A História do Caminhar.** São Paulo: Martins Fontes, 2016.

THOREAU, H. D. **Caminhada.** Lisboa: Antígona, 2012.

TUAN, Y.-F. **Topophilia: a study of environmental perception, attitudes, and values.** New York: Columbia University Press, 1990.

TUAN, Y. **Space and place: the perspective of experience.** Minneapolis: University of Minnesota Press, 2001.

Links de referências de vídeos:

- Reclaim the streets - various protests 1993- 1999: http://youtu.be/EjDTbYVkNTU

- Bloody Sunday - Selma, Alabama: https://youtu.be/P7vrrYVyN3g

- Footage - Gandhi - 1930 April, #02: https://youtu.be/lJdErHQGEHM

- Marina Abramovic and Ulay - The Lovers (The Great Wall: Lovers at the Brink) https://youtu.be/zasoOj9x098

- Regina José Galindo: Quien puede Borrar las huellas: https://youtu.be/SDTLipg9vMc

- The Green line - Francis Alÿs https://vimeo.com/132929393

Site do projeto A Arte de Caminhar/UFBA http://caminhar.ihac.ufba.br

"Acho que no momento que começo a mover minhas pernas, meus pensamentos começam a fluir"

Henry David Thoreau

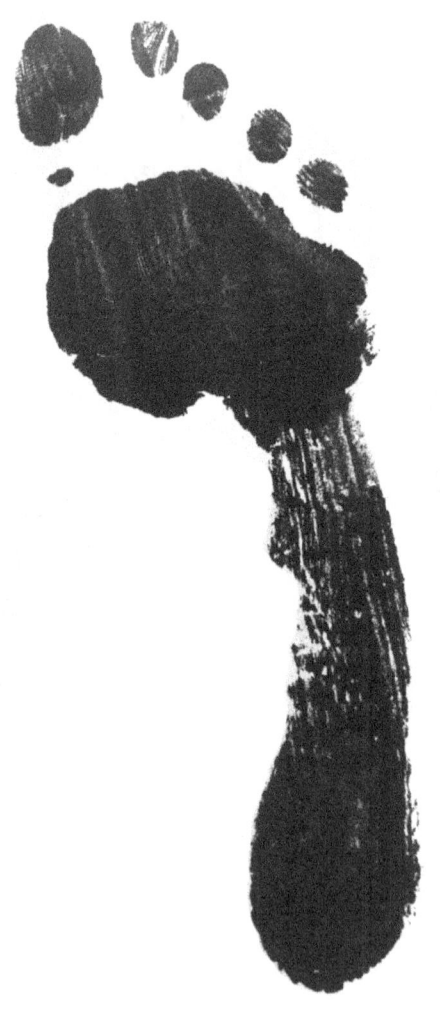

O Caminhar e a Escrita

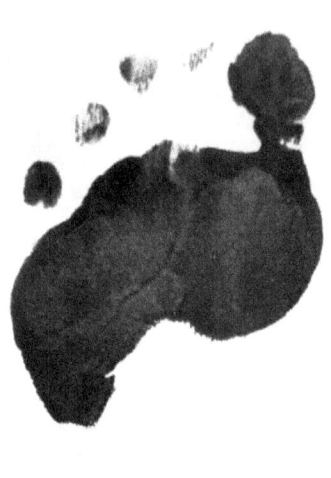
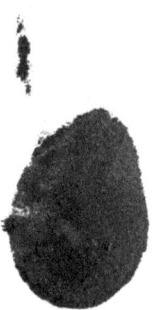

As histórias e o lugar: notas sobre conhecimento e espaço a partir de uma caminhada experimental

Natália Lima Figueiroa

Àquela altura eu já havia demonstrado minha inabilidade para atravessar terrenos lamacentos e desnivelados, o corpo acostumado ao terreno plano da cidade. Suja de lama dos pés à cabeça, eu me movia de forma claudicante pela restinga, as pernas a cada passo afundando nas terras escuras do mangue. Em certo momento avistei um graveto e, de improviso, o transformei numa espécie de bastão na esperança de que a ferramenta me auxiliasse na manutenção de certa estabilidade. Logo à minha frente seguiam os meus acompanhantes imediatos, sete alunos Escola Municipal Ilha de Maré, que contrastavam significativamente de mim: lideravam o caminho contado histórias sobre o lugar, andavam com destreza, num ritmo próprio, mantendo seus uniformes impecavelmente limpos. Em certo momento, vendo-me na iminência de uma nova queda Maria[15] estendeu-me a mão ajudando a me equilibrar. Dali

---

[15]   Os nomes de alunos citados no texto são fictícios a fim de manter a privacidade dos estudantes.

em diante ela me guiou por todo o percurso: "cuidado, não pise ali não que é urtiga", "pise mais pra lá", "por aqui tem um atalho". (Diário de Campo, 18/05/2018)

A experiência de caminhar é sempre um "descobrir-caminho", algo que está sob o signo do inesperado, por mais que já tenhamos trilhado várias vezes a mesma rota. O fundamento imprevisível do caminhar não está necessariamente contido nas maravilhas da paisagem ou no exótico do lugar. De vez em quando a comoção da novidade é provocada pelo próprio ato de caminhar (um pé depois do outro), como também pelos caminhos que se atravessam. O ato em si torna-se um desafio. O "simples" gesto de colocar um pé na frente do outro, esse movimento tão fundamental que chegamos a julgá-lo como natural, se torna uma aventura e, em última instância, um aprendizado prático. Traçar caminhos desconhecidos nos permite desnaturalizar ações que tomaríamos como inatas. Situações e circunstâncias que nos exigem novas habilidades nos mostram, na prática, que as técnicas do corpo são um aprendizado contínuo. Não temos opção senão concordar com Mauss quando ele afirma que, "em suma, talvez não exista 'maneira natural' no adulto" (MAUSS, 2015, p. 405). É esta condição sempre precária do movimento que excerto do diário do início do texto revela, a partir do meu andar incerto amparado pelos saberes dos alunos da Escola Municipal de Ilha de Maré num terreno desconhecido para mim. Explorar o vínculo entre conhecimento, espaço e narrativas é justamente o que este breve ensaio pretende.

A cena que escolhi para dar início a este texto é um relato de campo que se refere à uma das atividades promovidas pela Ação Curricular em Comunidade e em Sociedade "A Arte de Caminhar", idealizada e conduzida pela professora Karla Brunet da Universidade Federal da Bahia (UFBA). Dentre as várias atividades desenvolvidas pela disciplina, esta em específico, buscava promover uma troca de experiências mediada pela caminhada envolvendo alunos da UFBA e da Escola Municipal Ilha de Maré. Em "A Arte de Caminhar", e sobretudo nesta vivência pedagógica em Ilha de Maré, interessei-me, como pesquisadora, em compor um quadro de experiências diverso daquele que estou habituada a explorar na pesquisa de doutorado que venho levando a cabo nos últimos dois anos.

A caminhada, esta atividade essencial, pode ser atuada e aparecer na vida humana de diversas formas, em inúmeros contextos e com as mais diversas orientações. A pesquisa que desenvolvo no doutorado é voltada para a análise da caminhada enquanto atividade física direcionada para a transformação corporal e/ou para o aprimoramento do quadro de saúde do caminhante; sendo assim, ela costuma explorar um campo de atuação da caminhada que é fundamentalmente urbano e que muitas vezes envolve o controle de metas e performance. Trata-se de um caminhar rotineiro, que geralmente atravessa espaços da cidade que, seja por políticas públicas ou pela prática dos habitantes, são previamente demarcados e mapeados para aquele determinado uso. Um caminhar que se distancia do desafio de percorrer a costa, lamaçais e mangues da Ilha de Maré.

É importante tentar, na medida do possível, descrever esse espaço; não na intenção de cristalizá-lo numa imagem estática e estéril, mas sim para entender suas características e especificidades. A Ilha de Maré é um território do município de Salvador localizado na Baía de todos os Santos, sem ligação direta com o continente e cujo acesso se dá por meio marítimo. Portanto, para encontrar Ilha de Maré é preciso fazer uso de lanchas ou barcos, o que, num dia ensolarado como o da minha visita, torna-se um agradável sacrifício com duração de aproximados trinta minutos. Embora se localize numa das capitais mais turísticas do país, Ilha de Maré preserva um certo espírito *outsider*, com uma temporalidade própria. Ao passo que nos aproximamos da borda da Ilha o silêncio das águas do mar permanece como pano de fundo para que os andarilhos transpassem as casas simples e o terreno desnivelado de terra da maioria das ruas. Com a atenção voltada para o chão, típica de quem percorre um lugar pela primeira vez e teme cair, observei na caminhada-trajeto do porto até a Escola Municipal de Ilha de Maré, amontoados de conchas do mar, cascalhos, carcaças de caranguejo, restos de vegetação, raízes de árvores, seixos, pedaços de cimento, garrafas pet e sacolas plásticas. Num exercício arqueológico rudimentar é possível intuir que esta coleção de restos é reveladora não somente dos hábitos dos nativos da Ilha, mas como pude observar pela quantidade de lixo costeando nosso roteiro inicial pelo litoral, da condição da região de destinatária dos detritos da circunvizinhanças. Na atmosfera do lugar pairava uma sensação de paraíso perdido, impressão que se constrói não somente pelo impacto imagético das desconcertantes paisagens naturais que encontramos, mas também pela abertura e cordialidade instantânea dos nativos para com os forasteiros. As ruas estreitas de terra, sem espaço para a passagem de veículos e, portanto, privilegiando a prática pedestre, pareciam convidar o olhar para dentro das casas, trazendo uma intimidade voluntária entre os passantes e os habitantes.

Esta breve caminhada pela Rua da Caieira nos levou à Escola Municipal de Ilha de Maré. Lá, conhecemos os alunos que iriam nos acompanhar no processo e conversamos sobre os possíveis itinerários para chegar ao destino previamente combinado. Assim, se formaram dois grupos que traçaram rotas de caminhadas distintas (no intuito de comparar experiências diferentes) mas perseguindo um mesmo destino: chegar a Botelho, na costa leste da Ilha.

Ao seguir pelo mangue posso ressaltar que a caminhada estreitou os laços de sociabilidade e afeto entre as pessoas. Caminhar em grupo, ao invés do caminhar solitário urbano, torna a prática definitivamente distinta. Além da subversão que se segue à desconstrução da caminhada com mero meio de transporte de um ponto a outro, é digno de nota que o caminhar em grupo ganha um outro sentido político na medida em que instaura um senso colaborativo entre seus participantes, unidos pelo desafio de transpor o caminho em conjunto, extinguindo a competitividade e respeitando os tempos individuais. Um andar que conecta os sujeitos é o exato oposto da tendência observada por Solnit: "Muitas pessoas hoje em dia vivem numa série de ambientes internos - o lar, o carro, a academia, o escritório, lojas - e divorciados uns dos outros." (SOLNIT,2016,p.28).

Esta outra forma de andar, a despeito da dimensão instrumental e pragmática do caminhar nas metrópoles, instaura também o espaço profícuo para a abertura comunicativa. O ter que trilhar um caminho em comum propõe também a troca de narrativas e experiências. Me aproximei, desta forma, dos alunos, que aparentavam ter entre onze e quinze anos, fazendo perguntas sobre a escola e sobre a experiência de viver em Ilha de Maré. Caminhar não parecia, naquele momento, distante de conversar. Havia uma exigência de comunicação que era ampliada pelo fato dos alunos terem acabado se tornando nossos guias. Essa comunicação não era, porém, meramente informativa ou cartográfica. Ela surgia à medida que passávamos pelos lugares, como condição essencial para a evocação de saberes e narrativas sobre o espaço. Por exemplo, a certo ponto, um aluno que aparentava ter doze anos apontou para uma pegada no chão e disse que ela pertencia ao chamado "cachorro da noite", um animal que aparece para "pegar" as pessoas assim que escurece. Dali em diante eu já não estava apenas no mangue, mas eu fazia parte de um cenário que ganhava uma nova identidade através daquelas narrativas. Sem que se tenha planejado, eu estava conhecendo o lugar com os pés descalços, a partir de histórias, piadas, observações e anedotas e, de outro lado, os alunos estavam demonstrando familiaridade com a região e nos ensinando sobre os perigos do mangue, sobre a melhor rota a ser seguida, sobre a topografia, a fauna e flora.

Uma análise superficial poderia dar a impressão que essas narrações de contos fantásticos têm pouca ou nenhuma relação com os temas que estou desenvolvendo aqui. O que o cachorro da noite, com seus hábitos noturnos que parecem ter saído do mais assustador pesadelo infantil, poderia informar sobre o gesto da caminhada, sobre o espaço e conhecimento? O que uma história que pertence ao distante domínio do mundo ficcional teria a oferecer para o exame de uma atividade tão mundana, "real" e pretensamente objetiva quanto o simples ato de apoiar os pés no material do mundo? Diante dessas inquietações que parecem carregar uma resposta óbvia, gostaria de argumentar pelo controverso ao afirmar que essas histórias além de não pertencerem a um domínio irrelevante em relação àquele que vivemos, também são fundamentais para compreender e dar sentido ao espaço. Trata-se de uma ideia que pode ser resumida no argumento de Ingold de que "os lugares não tem posições e sim histórias" (INGOLD, 2005, p.77), o que significa dizer que "descobrir-caminho [...] assemelha-se mais a contar histórias do que utilizar um mapa" (INGOLD, 2005, p.77).

Poderia se argumentar, talvez com alguma razão, que essas histórias que participam ativamente da composição dos lugares não podem ser do tipo ficcional. As histórias que fariam parte da manufatura do tecido do espaço que se dá nesse descobrir-caminho seriam, então, da ordem dos relatos das experiências dos caminhantes daquela região, tocando no "campo de relações estabelecido através da imersão do ator-perceptor num dado contexto ambiental" (INGOLD, 2005, p.78). Se nos alinharmos com essa perspectiva, estaríamos diante de um tipo de narrativa que envolve tradição, o conhecimento vivenciado por gerações anteriores, memória e algo próximo de uma documentação histórica. Sendo assim, a separação entre mundo "real" e mundo ficcional, fundamento indispensável para a racionalidade e cientificidade moderna, estaria preservada. Assumir essa postura, porém, é diminuir a vida e suas possibilidades. Essa divisão, que parece incontestável para nós, herdeiros desse modelo investigativo, se ancora na crença de uma ciência cartesiana que se estabelece como um véu que separa o mundo das coisas-em-si, o mundo da ciência; e os mais variados mundos das culturas e das elaborações sociais. No entanto, no domínio da vida vivida, da experiência de ser e estar no mundo, essa distinção não se faz tão fácil e precisamente; "o real" está contaminado por percepções e, portanto, imaginações, não existindo, um real objetivo, desencarnado e a-histórico.

Não se trata, portanto, de dizer que o "cachorro da noite" não e-xiste e que, por isso, devemos abrir mão de examinar a narrativa de sua história sob a pena de não realizarmos um empreendimento notadamente científico. Pelo contrário, mesmo assumindo que o cachorro da noite é um sujeito do mundo ficcional, precisamos reconhecer que seu campo de atua-ção não está separado da vida vivida, precisamos vê-lo "não como um elemento do mundo natural, mas como um fenômeno da experiência" (INGOLD, 2012, p. 19). Ele é a manifestação fantástica dos medos e peri-gos de atravessar aquele trajeto no escuro da noite e, nesse sentido, a narrativa sobre esse ser fantástico é também uma forma de configurar o conhecimento sobre aquela região e, em última instância, de tornar mais concreta a transmissão desse conhecimento.

À medida em que íamos transpondo o terreno, os alunos se senti-am mais desinibidos com a nossa presença, tornando-se mais confiantes para demonstrar seus conhecimentos sobre a região e assumindo um certo protagonismo na condução do trajeto. Já no terço final da nossa caminhada atravessamos uma extensa porção de terra cuidando para não pisar no mar de siris que se escondiam na areia a cada um dos nossos passos. Um aluno ao avistar o animal numa poça fez questão de mostrar um siri caxangá, tipi-camente utilizado na culinária local. Segundo ele a passagem do estado da sua casca dura, e, portanto, protetora de seus órgãos internos, para a casca mole atestaria que a alma do bicho também o abandonara.

Em certo sentido é possível dizer que esta forma reencantada de ver o mundo - uma que dá alma aos animais e aos lugares- subverte a lógica e o tempo hegemônico do urbano contemporâneo. Desafiando as fronteiras do real e do imaginário, as narrativas dos alunos não encarnam um modo de experienciar o espaço mediado pelo utilitarismo e produtivismo classificató-rios, que poderia se expressar num grupo de alunos treinado para entoar narrativas oficiais ou saberes enciclopédicos *sobre* o local. Antes os alunos demonstram, através das histórias comuns, uma sintonia própria *com* o teci-do social e natural da região, em outras palavras, uma familiaridade com o ambiente.

Basta dizer que estas histórias só surgiram num contexto de ade-são da Escola Municipal Ilha de Maré à proposta da ACCS A Arte de Caminhar, e da própria compreensão, às vezes não óbvia, do valor pedagó-gico da caminhada. Como demonstrado por Elizabeth Curtis(2008),a experiência de utilizar a caminhada como forma de produção de conhecimento através da construção de apurados roteiros guiados na cidade Aberdeen permitiram, na sua experiência local, que os alunos, desde as séries primárias, construam uma atitude positiva com o entorno da cidade e suas construções históricas, permitindo um desenvolvimento pedagógico baseado não em informações mas em percepções que o olhar, sentir, brincar e pensar proporcionam.

Em Ilha de Maré, entretanto, de forma ainda mais contundente, não haviam roteiros pré estabelecidos e milimetricamente construídos. Sem manuais que ordenassem pausas, direções, atalhos, ou referências foi através da posição de protagonismo assumido por alunos como Maria, que sabiam exatamente onde pisar, que a experiência tornou-se ainda mais rica.

Referências Bibliográficas

CURTIS, Elizabeth.**Walking Out of the Classroom**: Learning on the Streets of Aberdeen In: Ingold, Tim; Vergunst, Lee. (Org); Ways of walking: ethnography and practice on foot. London: Ashgate publishing, 2008

INGOLD, Tim. Jornada ao longo de um caminho de vida: mapas, descobridor-caminho e navegação. **Religião & Sociedade**, Rio de Janeiro, v. 25, n. 1, p.76-110, jul. 2005.

INGOLD, Tim. Caminhando com dragões: em direção ao lado selvagem. In: STEIL, Carlos Alberto; CARVALHO, Isabel Cristina de Moura (Org.). **Cultura, Percepção e Ambiente: Diálogos com Tim Ingold**. São Paulo: Terceiro Nome, 2012.

MAUSS, Marcel. **As técnicas do corpo**. In:____ Sociologia e Antropologia. São Paulo: Cosac Naify, 2003

SOLNIT, Rebecca. **A história do caminhar**. São Paulo: Martins Fontes, 2016.

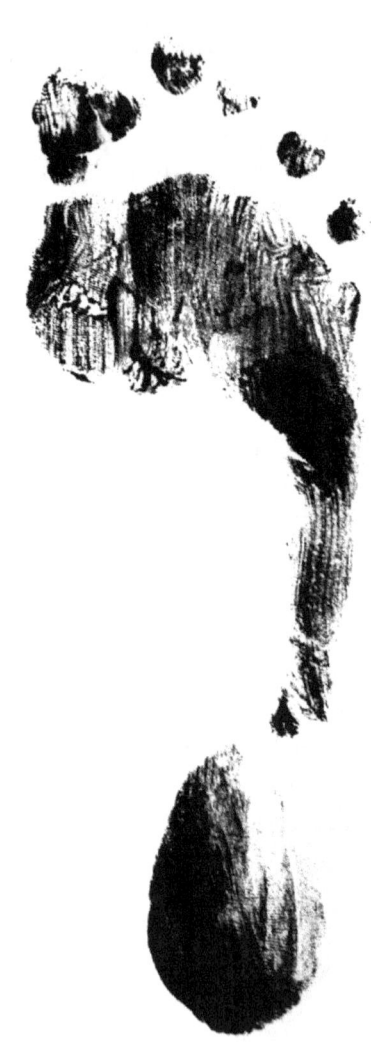

O Caminhar e a cura para os problemas da sociedade

Rodrigo Araújo C. de Oliveira

Como integrante do grupo A Arte de Caminhar, visitei Ilha de Maré em Salvador-BA. A ideia era de caminharmos e retomarmos o contato com a natureza, nos relacionando com o nosso entorno e observando-o com mais paciência e calma, interagindo com o espaço. Queríamos experimentar novamente a vida sem fadiga, o estresse e o cansaço, causados pela dinâmica citadina e a falta de tempo que assola a contemporaneidade, mantendo seus cidadãos cada vez mais ocupados.

A atualidade trouxe uma quebra da relação da pessoa não apenas com o espaço, mas também consigo mesma, e a ideia de caminhar veio como proposta de reatar esses laços que foram espatifados por diversos elementos. Um deles são os meios de mobilidade urbana, que retirou das pessoas o contato com os seus pares e com o espaço, sendo sempre pensados para poupar tempo e chegar mais rápido aonde quer que seja.

Sei como é se sentir sem tempo: tenho que chegar nos destinos o mais rápido possível, caso contrário, sofro sanções ou me sinto mal, como se estivesse cometendo um erro ao perder tanto tempo, num processo duplo de fiscalização. Eis um resumo da vida atual para a maior parcela da sociedade: acordar, pegar um transporte, sair do transporte, chegar num local para uma atividade, voltar a entrar num transporte, sair mais uma vez para outra atividade, voltar para casa, dormir. Repetitivamente é assim, dia após dia.

Diante disso, durante as discussões que tivemos, a ideia de caminhar foi me apetecendo cada vez mais. Já faço caminhadas e corridas para me manter saudável, mas repensar essas atividades, ressignificando e atribuindo outras finalidades, me fez refletir. Pensando no caminhar como mobilidade me fez analisar a rotina: ignoramos os lugares por onde passamos a todo instante, já que são transformados em meros locais de passagem. Isso porque o nosso objetivo não se encontra ali onde estamos passando. Além disso, a sensação é de que enquanto estamos passando, entramos num estado de suspensão, sem ser ninguém, nem nada. Simples transeuntes que aparentemente não tem nada a fazer naquele lugar que só serve para passar.

Isso é um equívoco já que cada lugar pode abrigar inúmeras experiências, instigando nossa sensibilidade, que tem sido perdida. Não sentimos, vemos, cheiramos ou escutamos. Estamos imersos em atividades, ocupados demais para sentir algo, em pensamento e preocupações, vivendo sempre no futuro ou remoendo o passado, nos tornando ansiosos, deprimidos, quiçá até mesmo melancólicos. Nós nos tornamos uma sociedade doente que não vive, que não é, sempre produzindo, sempre estando.

Com reflexões desse contexto, passei a repensar minha maneira de viver e uma mudança significativa que notei em meu dia a dia foi à consciência espacial que ganhei e começou nas corridas que faço: ao invés de tentar simplesmente realizar um percurso em um determinado tempo, comecei a analisar as pessoas, suas relações, os animais, os objetos, as casas. Tudo o que há e que me chame a atenção. Isso foi crescendo de tal maneira que atualmente me sinto capaz de perceber inclusive as mudanças que ocorrem no espaço onde estou localizado. A empatia também cresceu, melhorando não apenas a consciência espacial, mas também a relação com as pessoas.

Pretendo falar mais sobre os efeitos sentidos em minha vida no final do relato. Por hora, desejo me alongar sobre o que virá: fiz três visitas com o grupo, sendo que a primeira delas, apesar de ser técnica, considero especialmente importante. Foi nela que comecei a fazer as assimilações da teoria, as aplicações práticas, e ter iniciado um processo de sensibilização muito forte.

Tive inúmeras ideias para produzir em relação às caminhadas, mas as que mais me cativaram foram três: construir um relato sobre as sensações e experimentações vividas na ilha; apontar as diferenças existentes entre a população existente lá e a da parte continental; e destacar problemas sociais e dificuldades encaradas pela comunidade de Ilha de Maré.

Primeiro dia – 04 de maio

Nesse dia, uma equipe diminuta do grupo foi selecionada para realizar uma visita técnica, reconhecer o trajeto e os procedimentos que seriam adotados no dia da viagem.

Nos encontramos no campus da UFBA, em Ondina, e não nos demoramos muito: dividimos os lanches e entramos num carro. Não conversei muito com as colegas pois não as conhecia, enquanto elas conversavam entre si sobre assuntos que considerei um tanto formais. Logo peguei meu celular pensando num texto que deveria ler para a aula que teria na noite daquele dia.

Ao longo do percurso a paisagem foi mudando. Quanto mais nos afastávamos do centro, mais a sensação de desordem e falta de organização aumentava. Os prédios organizados e a paisagem harmoniosa iam sendo substituídas por favelas, pistas menos uniformizadas, vegetação e barrancos ao redor. Já havia observado isso em Salvador como um vestígio da desigualdade que existe. Então fiz a viagem dessa maneira: ignorando as colegas dentro do carro, a paisagem do lado de fora e preocupado com o texto que estava lendo no celular.

Assim que chegamos na Base Naval de Aratu, a mudança do ambiente era sensível. Apesar de não ter sido suficiente para me fazer estupefato, a nova paisagem havia me trazido para mais próximo do aqui e do agora.

Ter contato com a areia, com a brisa suave vinda daquele céu tão azul que trazia o cheiro da maresia e com a água ainda não havia sido suficiente para me arrancar das preocupações que tenho comumente.

Com alguns procedimentos estabelecidos para o dia da primeira visita oficial, tomamos um barco e nos direcionamos para Praia Grande em Ilha de Maré. Comecei a lembrar das discussões que tivemos em sala. Uma boa metáfora para essa experimentação é pensar naquela travessia como um processo de sensibilização, que aumentava proporcionalmente ao avanço do barco.

Se ao entrar no barco eu já estava mais conectado com a paisagem ao meu redor, nos poucos minutos que se passaram após isso, meu nível de absorção de mundo e de receptividade de experiências sensoriais já estavam elevadíssimos. Eu me sentia mais leve e feliz, sem preocupações nem estresses. O grupo, timidamente, já começava a conversar sobre trivialidades e até mesmo ria.

Eu sentia o deslizar do barco sobre a água que criava um balanço bastante agradável, quase como um ato de ninar, e ondinhas durante sua passagem. Isso criava um efeito visual admirável com as ondulações recebendo os raios de sol, fazendo a superfície do mar brilhar. O ar estava úmido e salobro que, ao tocar a pele, lembrava uma espécie de afago que envolvia todo o corpo, como um abraço caloroso. Olhando para o horizonte, encontrei o céu, que estava repleto de nuvens gigantescas e tão baixas que faziam parecer que ele estava caindo.

O conjunto de todas essas coisas traziam uma sensação de imensidão e completude, além de uma paz interior muito intensa, como se tudo no mundo estivesse no lugar certo, do jeito que tem que ser. Ao olhar para trás, percebi que Salvador se apequenava e que para frente, o engrandecimento de Ilha de Maré era mais constante, me senti feliz. Ainda observando a aproximação da ilha percebi que eu estava no meio de um processo de transformação. Estava caminhando para o presente e para dentro de mim mesmo.

Logo, aquela primeira travessia teve uma aura mística para mim, com uma carga apelativa muito forte, especialmente por ser uma experiência não tão desgastada. As sensações eram pouco exploradas e o aumento da sensibilização me fez sentir a paisagem, que tinha uma magnificência e uma beleza tão grande, que me remeteu diretamente ao meu interior, me fazendo questionar sobre minha própria vida. Questões como "o que eu quero para minha vida; estou vivendo ou sobrevivendo; sou feliz diariamente?" me invadiram a mente. Via ao longe as casas dos moradores, pequenininhas, coloridas e organizadas de seu modo peculiar. Pensei no quanto aqueles moradores teriam sorte de viver ali.

Repentinamente me dei conta de que eu havia esquecido completamente de meu celular. Isso me fez lembrar de como as pessoas estão tão acostumadas com esse tipo de aparelho, dificultando até mesmo a sociabilidade. Está cada vez mais difícil o relacionamento interpessoal, e ele é um dos fatores. Esse esquecimento, acredito agora, me fez estar mais próximo das pessoas que compunham o grupo, de modo que facilitou nossa comunicação.

Enquanto atracávamos, uma nuvenzinha de chuva veio fazer nossa recepção. Inicialmente achei ruim, mas logo percebi o quanto para aquele trabalho de experimentação de sensações isso poderia ser bom. O tocar da água da chuva na pele, sem convite. Havia esquecido como era a sensação de aceitar tomar um banho de chuva. Fomos andando através do cais, e fui observando o pontilhar da chuva caindo no mar enquanto sentia a água em meu corpo, resistente a ela. Mais para frente ao sentir o cheiro de terra molhada, eu já estava encharcado e finalmente comecei a aceitar o toque daqueles minialfinetes e a lama sob os pés. Eu definitivamente já não era mais a mesma pessoa do início daquela manhã.

Fizemos uma curta caminhada até uma das escolas municipais da ilha. A chuva logo parou. Durante o percurso, fui me atendo aos cheiros e detalhes da ilha. O chão era quadriculado, sem asfalto; o barro e a lama competiam para decidir quem seria maioria sobre a grama; caranguejos, gatos, cachorros, galinhas, pássaros e cavalos passeavam tranquilamente ao nosso redor e em todos os locais, acostumados com a presença humana.

Havia barcos parados, estáticos na areia da praia ou ancorados no mar, flutuando com o ir e vir da maré e dos ventos. As árvores dançavam, balançando suas copas e exibiam suas cores. Tudo estava tão desordenadamente ordenado, que tive a sensação de que se alguém tentasse arrumar aquele lugar, a identidade se perderia.

Ao entrarmos na escola, as surpresas não cessaram, a começar pelo próprio ambiente da escola: uma área ampla com poucas construções, nitidamente pensado para poupar espaço. Ele era aproveitado de tal maneira que permitia aos alunos se exercitarem naquela vasta grama bem cuidada. As salas também não eram retangulares nem quadriculares, se organizavam em colmeias. Os muros eram baixos e não gradeados, mesmo sem a aparente ausência de uma fiscalização da ordem pública. A ideia de funcionamento e respeito às convenções parecia dominar o lugar.

Nos reunimos com a direção da escola e professores para ajustar elementos e expor as ideias quanto ao motivo de levar aqueles alunos para caminhar conosco. O diálogo transcorreu de forma fluida devido à vontade de contribuir de ambos os lados. Neste ínterim em que os parâmetros iam sendo ajustados, o intervalo começou.

Decidi que queria me aproximar mais dos alunos, e então sai da sala logo no começo do intervalo para poder observar seu modo de agir, em busca de diferenças e similaridades. As crianças brincavam e interagiam diretamente com o espaço, seus corpos em contato direto com a natureza ao redor, correndo, jogando bola, conversando e divididas em grupinhos não tão estáticos. A maioria parecia se falar e interagir com os diversos grupos.

Além disso, eram suficientemente desapegados de smartphones, tablets e celulares. Isso fazia com que sua interação se desse de forma intensa. Aquelas crianças jogando bola, descalças na grama, ou conversando entre si, rindo e se divertindo umas com as outras, foi algo que percebi e não consigo mais ver sem me encantar.

Contudo, algo não tão agradável logo saltou aos olhos. Em menos de vinte minutos de intervalo, observei um tratamento hostil por alguns dos alunos, independente do gênero. Passei a observar esse detalhe com mais atenção e notei que esse tratamento enérgico e hostil era comum entre alguns deles. Além disso, vi três brigas se iniciando entre eles. Isso me fez perguntar sobre a educação daquelas crianças e sobre os exemplos que elas tinham dos mais velhos.

Sei que observar pessoas mais velhas faz parte do processo de educação de uma criança. Acredito que o homem é fruto do meio em que vive. Diante disso, passei a observar o modo de agir dos mais velhos também, para tentar justificar a ação daquelas crianças.

Observando os educadores da escola, notei que aparentemente são pessoas bem instruídas. Ao menos, o conteúdo das lousas indicava isso. Contudo, apenas isso não era suficiente para analisar, então decidi mudar o foco para o modo com eles tratavam as crianças. Não havia nada de violento ou exagerado no modo de falar, com equilíbrio e proporcionalidade. A única coisa que me incomodou nesse aspecto foi o modo impositivo como eles se dirigiam aos alunos.

Acredito que imperatividade não é uma qualidade que combina com professores, logo, aquele papel de autoridade inquestionável observado não é nada saudável. Ninguém gosta de ser mandado o tempo todo ou de receber ordens, especialmente crianças, devido ao seu estágio de desenvolvimento cognitivo. Isso pode acabar interferindo no processo da formação adulta de uma pessoa. Talvez, em conjunto com outros fatores, essa imperatividade possa contribuir para um temperamento hostil das crianças. Ainda há outro fator: se elas não puderem expressar suas insatisfações, acabarão se tornando ressentidas, podendo ter efeitos muito piores do que temperamento agressivo.

Assim sendo, acredito que não basta que esteja escrito no quadro a história da revolução industrial ou a formação dos tecidos celulares, mas que a escola seja uma espécie de miniatura do mundo, de modo que elas aprendam a interagir em sociedade. Ensinar a criança a se tornar uma cidadã conhecedora e respeitadora das convenções sociais. Isso não é feito de forma impositiva e sim negociável, com diálogos e convencimentos, num processo de construção e modificação do espaço diário.

Ao fim do intervalo, nós nos direcionamos para uma sala onde teríamos nosso primeiro contato verbal com os alunos: conheceríamos aqueles que provavelmente fariam parte de nosso grupo de caminhada. A sala era redonda, de modo que pude observar cada aluno facilmente. Eles tinham feições que mostravam uma mistura de ansiedade, curiosidade e vergonha. Alguns deles, descaso.

Ao fim de nossas apresentações, Karla discorreu sobre a finalidade da caminhada. Infelizmente para nós, muitos alunos foram desistindo de estar naquele grupo de modo que ao fim de sua fala apenas uns treze ainda estavam dispostos. O bom foi que quem continuou estava aparentemente bem animado com a proposta, e assim a experiência seria mais realista e vivenciada como propúnhamos já que não se sentiam obrigados.

Com tudo resolvido, caminhamos de volta ao barco. Comi meu lanche enquanto andava com certa dificuldade. Voltamos conversando, de modo que chegava até mesmo a sentir que estava entre amigos, e não simplesmente colegas. Percebi que ainda estava com a sensibilidade aumentada, mas não mais para a natureza e para a paisagem, e sim para as pessoas. Então passei a observar aspectos da vivência e conforto daquele local.

Notei que realmente não havia policiamento na região. Havia conversado com um professor na escola que afirmou a existência de milícias. Não pude notar isso durante a caminhada, mas é se desconfiar a existência delas já que as pessoas pareciam não se preocupar muito com crimes. Passeávamos exibindo câmeras, celulares e mochilas, mas não fomos importunados para além dos olhares curiosos que eram lançados em nossa direção.

Além disso, os adultos aparentemente se tratavam com respeito, de modo que suspeitei que a ação das crianças pudesse ser oriunda da energia que acompanha a idade. Finalmente havíamos chegado ao barco e logo rumamos de volta a Salvador.

Nessa viagem tive a oportunidade de conversar com um senhor que se apresentou como Colônia. Ele era um "filho da ilha", termo utilizado para denominar pessoas que nasceram e cresceram nela. Colônia me contava algumas características de lá, como a alimentação das pessoas que, devido à dificuldade de travessia de alimentos, muitos sobreviviam da agricultura de subsistência. Ao que parecia, plantar em roças, pescar no mar e ir em busca de caça não era incomum. Enquanto ele falava eu tentava lembrar da quantidade de minimercados que havia visto, e não lembro de ter mais de três.

Colônia também me contou sobre um abandono que a ilha tem por parte da prefeitura que não presta assistência, especialmente, no tocante a segurança e saúde. Além do mais, ela tinha recebido energia elétrica há apenas 10 anos: 2008, se ele estiver correto. Apesar disso tudo, era mais confortável morar lá: não havia um ritmo tão acelerado quanto no continente, sendo melhor para educar suas crianças e possuindo uma qualidade de vida melhor.

Descobri durante a conversa, que Colônia era 1º Sargento da reserva da Polícia Militar, e que assim como ele muitos moradores de lá vinham para o continente trabalhar e voltavam para a Ilha todos os dias. Começamos a discutir sobre história, política e segurança pública em um determinado momento, e assim fomos até chegarmos no cais. Estávamos de volta à cidade.

Segundo dia – 18 de maio

Finalmente havia chegado o dia da segunda visita, ou melhor: da visita propriamente dita com todo o grupo. Éramos dezenove pessoas no campus, aguardando a chegada do restante do grupo.

Aproveitei esse tempo para ir comer um café da manhã. Atravessei parte do campus a pé, tentando conduzir o processo de sensibilização. Tentei observar as copas de árvores e sentir os raios de sol que passavam por entre as folhas; ou o vento frio que sopra pela manhã e a ausência das pessoas. Notei uma grande diferença entre o turno da tarde e noite com o da manhã, que está muito mais calmo, silencioso e tranquilo. Imaginei que ele fosse se tornando mais agitado ao longo do dia, à medida que as pessoas vão despertando. Tentei saborear meu café enquanto voltava para perto do grupo, que agora terminava de se organizar.

Karla chegou com os lanches e umas sacolinhas. Nossa saída atrasou um pouco devido à divisão desses materiais, mas nada muito alongado. Eu queria ajudar, mas ela estava abafada. Assim sendo, sugeri que centralizássemos os itens e nos afastássemos para que ela pudesse pensar com clareza. Suspeitei de que meus colegas estiveram alheios a esses problemas de início das atividades. Entretanto, isso não me surpreende: o comum é estarmos imersos em nossos problemas e devaneios, sem muita empatia e consciência de grupo. Enquanto escrevo, tendo certeza que minha sensibilização forçada com o ambiente falhou, me pergunto se eu não estava mais sensível às pessoas dessa vez.

Karla logo terminou a distribuição dos itens: recebemos uma garrafinha de água, uma sacolinha, um hamburgão, um pacote de biscoitos, uma barra de cereal, uma banana, uma maçã e uma caixinha de suco. Com tudo em condições, o grupo rumou para o micro-ônibus. Vê-los andando em fila, me fez sentir vontade de começar a tirar fotos. Foi assim que dei início ao meu trabalho de fotógrafo sem experiência, habilidades e até mesmo equipamentos apropriados!

A viagem de ida do grupo todo não foi muito diferente do reduzido, mas dessa vez as pessoas estavam aproximadas por afinidade, de modo que algumas duplas ou trios conversavam entre si, sem fazer muito barulho ou algazarra. Inclusive eu, para evitar preocupações, fui conversando com uma amiga que fiz na primeira ida: queria apenas sentir ao máximo tudo o que a viagem pudesse proporcionar.

Quando chegamos a Base Naval e descemos do micro-ônibus, eu de alguma forma me afastei do grupo, e ao olhar para o restante à minha frente, percebi que nossa presença era discrepante ali. Não havia harmonia com a paisagem, sendo facilmente observável que não éramos dali, com nossas câmeras, mochilas, tênis e modo de andar e olhar ao redor.

Via também as pessoas ao redor nos olhando com curiosidade. Vi um dos alunos adultos da escola trabalhando como marítimo, o que me deixou triste, pois sabia que tinha aula nesse dia. O grupo seguiu para embarque tirando inúmeras fotos da paisagem.

Era engraçado observa-los tirando todas aquelas fotos. Me perguntava como estaria o processo de sensibilização deles. Se estavam realmente sentindo o ambiente e a paisagem, se encantando como eu havia me encantado ou se estavam mais preocupados com a fotografia perfeita. A essa altura, eu já havia desistido de tentar me sensibilizar: estava preocupado com a segurança do grupo e já não me encantava mais da mesma maneira, talvez pelo fato de já ser a segunda vez que fazia a mesma travessia.

Notei que o semblante da maioria estava diferente agora. Pareciam mais relaxados e entusiasmados do que no início da manhã, então acredito que tiveram uma experiência parecida com a minha da primeira viagem. Contudo, eu não estava conseguindo realmente me conectar com a paisagem. Imaginava tanta coisa que podia acontecer e dar errado, já que afinal de contas, 19 pessoas significavam que existiam 19 possibilidades de acidentes.

Tentei me desligar de minhas preocupações e observar meus colegas dentro do barco. Havia apenas uma delas falando com a outra, que a ouvia com atenção, enquanto o restante estava em silêncio, com feições observadoras e calmas. Karla começou a organizar alguns materiais com outros colegas e eu decidi ajudar para me desligar de meus pensamentos. Logo chegamos na Ilha.

A idéia, era chegarmos na escola e levarmos os alunos conosco para a caminhada no horário marcado. Contudo, já estávamos atrasados e nos atrasamos ainda mais pois, no trajeto muitos colegas paravam para tirar fotos. Assim, eu fui à retaguarda do grupo, me certificando de que não havia ficado ninguém para trás. Hoje, enquanto escrevo, acredito que não pude me conectar com o ambiente por causa de minha preocupação latente. Talvez devido à atividade que iríamos executar naquele dia: trilha no meio da mata, com muita lama e terreno escorregadio.

Assim que chegamos vi os alunos no intervalo, com mais brincadeiras que exigiam esforço físico. Estava ansioso para ver a interação entre o pessoal daquela escola com o do nosso grupo. Nos reunimos com a diretoria para separar os grupos e decidir quais trilhas iríamos tomar, porém, percebemos que nada havia sido decidido ainda por parte da escola. Depois de muito debate infrutífero, Karla decidiu que nos dividiríamos em dois grupos: um iria por dentro da mata fechada, com morros e ladeiras para subir e descer, com as trilhas cobertas de lama, e o outro por dentro também, mas por uma trilha menos acidentada.

Comecei a interação com o pessoal da escola ainda dentro dela e percebi que eles também estavam ansiosos para interagir conosco. Havia um senso de competição entre eles que avaliei com humor. Ficavam se comparando com nosso grupo a todo o tempo, em relação à resistência física e a facilidade que teriam com as trilhas na mata. Lembro que tentando interagir com eles, sugeri de jogarmos bola e um deles me provocou, dizendo que para jogar lá, a pessoa precisaria de dois pares de pulmão. Algumas conversas aconteceram, mas todas com o mesmo teor provocador, quebrando o gelo e criando uma certa harmonia no novo grupo.

Saímos da escola já divididos em grupos. Num ato de preocupação, antes de entrarmos na trilha atribui um número para cada um presente, de modo que todos deveriam saber onde estaria a pessoa de número anterior e a posterior. Isso facilitaria a própria contagem do pessoal e evitaria que alguém se perdesse ou passasse alguma dificuldade sozinha. Com todos os 23 presentes enumerados, entramos na trilha irregular.

Notei uma grande facilidade dos alunos em andar se desviando da lama, enquanto eu e meus colegas já atolávamos no começo. Logo na primeira atolada, decidi fazer a trilha descalço. Tirar a sandália foi ótimo: tive mais facilidade para andar.

Fiquei para trás mais uma vez, me certificando de que todos estariam bem. Fui acompanhado durante parte do trajeto por um professor de geografia da escola que ia explicando e mostrando curiosidades. Uma aluna me deu uma concha que encontrou para que guardasse como recordação. A partir daí, notei uma animação e um entusiasmo nas pessoas da escola em nos mostrar e ensinar coisas da ilha: fosse sobre plantas como samambaias e urtigas, sobre animais, pedras ou onde pisar e segurar. Contudo, em todo momento havia uma espécie de competição e comparação. Ou seja, ao mesmo tempo, em que estávamos analisando-as, sofríamos análises também.

O terreno começou a ficar mais difícil, de modo que íamos ficando cada vez mais para trás. Só nos uníamos quando o pessoal da frente se atrasava em algum terreno mais difícil. A primeira delas foi uma descida escorregadia, cheia de lama. As alunas da escola ao mesmo tempo que nos ajudavam, se divertiam com nossas tentativas. Enquanto isso, meus colegas passavam por situações difíceis, engraçadas e constrangedoras ao tentar não se sujar. No fim das contas o resultado era cômico: não apenas se sujavam, mas faziam isso mais do que o normal. Na tentativa de não se sujar, muitos acabavam caindo e se sujando ainda mais do que apenas o tênis ou perna.

Íamos todos conversando, rindo, observando o ambiente e fazendo gozações sobre as dificuldades do terreno que, afinal de contas, não eram tão difíceis assim. Assim, a caminhada foi acontecendo, fazendo com que nos uníssemos e estivéssemos mais próximos uns dos outros. Fui relaxando, percebendo que a trilha não apresentava tantos perigos, e que o pessoal também saberia se cuidar em caso de algum problema, então fui sentindo mais alívio e passei a estar mais presente no ambiente. Conversei com as pessoas que estiveram próximas a mim, me diverti e me relacionei com o ambiente no presente.

O interessante é que íamos compartilhando experiências, nos ajudando uns aos outros para passar pela trilha sem grandes dificuldades. Alguém sugeria algo sobre alguma adversidade e nossa passagem pela mata acabou sendo confortável. Passávamos lama na pele para evitar os mosquitos; dávamos o braço para ajudar aqueles que tinham dificuldade em determinada trilha; procurávamos caminhos alternativos para um que fosse intransponível para outro.

Ou seja, apesar da aparente apatia que reina sobre o meio social, a vontade de ajudar e a comoção e flui a depender da necessidade. Estar em um local que propiciou dificuldades e exigiu que estivéssemos com a atenção completamente voltada para o presente nos fez afixarmo-nos no agora. São relações sociais assim, empáticas, na qual considero que se perderam no cotidiano.

Ao longo da trilha fui observando a paisagem: casas de cupins, maribondos, formigas, plantações, espécies de plantas, lama, borboletas, limo, cogumelos, frutas. Era mais que apenas o "mato" que costumamos falar. Existe riqueza de variedade e cada elemento tem sua função. Lembrei das questões de equilibro ambiental e fiquei feliz por aquela região não ter uma presença humana muito marcante.

À medida que íamos nos aproximando das casas, vestígios da população iam surgindo lixos como: plásticos, papéis, sacos, embalagens, carcaças de televisores, pneus e outros, iam surgindo nos cantos da trilha. Foi dessa forma até chegarmos na comunidade.

Mais uma vez estávamos atrasados e novamente ficamos vislumbrados com a beleza do lugar. A mata deu lugar a praias lindíssimas, com canoinhas atracadas e um vasto mar, azul e calmo ao longo de toda a extensão de nossa vista. Íamos andando sentindo o chão, a areia e o vento, tendo uma belíssima paisagem para deleitar os olhos. Apesar de ser 12h, o sol estava ameno e tudo contribuía para uma sensação de conforto com o ambiente, que era ainda mais acentuado por sairmos daquela trilha, onde o os raios não incidiam diretamente sobre nós.

A sensação que tive foi de liberdade, e tudo estava claro. Um dos alunos da escola nos ofereceu um doce de banana, feito em uma localidade da ilha, que era bem diferente do que eu estava acostumado a comer. Era feito em barra, viçoso e apesar de não ter sabor caramelizado, era doce, acredito que tinha cravo nele. Muito saboroso!

Voltamos ao barco e logo iniciamos a volta para o porto próximo a escola. Alguns colegas foram levar os alunos de volta à escola, outros ficaram no barco e eu, com mais outros, fomos tomar um banho de mar. Andamos bastante para conseguir chegar num local onde mergulhássemos o corpo por inteiro. O chão era lamacento e tinha coloração escura, mas dava uma sensação muito boa de se pisar. Ficamos lá, imersos, aproveitando a água salgada e a lama, boiando e olhamos para o céu enquanto éramos ninados pela maré mansa.

Nadamos de volta para o barco e, assim que o restante retornou, iniciou-se a viagem de retorno. Voltei em silêncio, com a mente vazia. Sem pensar em nada relevante, apenas em coisas aleatórias e observando a paisagem, descansando. Meus colegas pareciam estar no mesmo estado: alguns vieram dormindo, outros tão calados quanto eu, e poucos conversavam. Chegamos a Salvador e cada um seguiu seu caminho de volta para suas vidas.

Terceiro dia – 08 de junho

O último dia de caminhada começou como de costume, no encontro no campus para ir em direção à ilha. Como das outras vezes, as conversas aconteciam entre poucas pessoas, tímidas, mas ao longo do dia foram se tornando mais animadas.

Diferentemente da viagem anterior, eu estava muito preocupado com a aula que teria à noite, quando teria uma prova. Desse modo, quando chegamos no barco fiquei na parte inferior, sozinho. Lá havia um cheiro forte que demorei de me acostumar, além do barulho do motor que era ensurdecedor, de modo que nenhuma conversa ou ruído da parte superior me incomodava.

Dessa maneira fui a viagem de ida inteira, estudando sozinho para a prova. Uma colega desceu para tirar algumas fotos e notei como é curioso o fato de nossa atenção ser facilmente desviada quando outra pessoa está próxima. Ela não demorou, mas minha atenção já havia sido completamente minada. Assim fui no restante da travessia, tentando ler o texto, mas a mente vagava pelas diversas situações da vida.

Quando menos esperava já havíamos chegado, então subi rapidamente e logo rumamos em direção à escola. Tive a sensação de que chegamos muito mais rápido que das outra vezes. Dessa vez eu não observava as pessoas nem as coisas, apesar de à retaguarda. Fui apressando as pessoas para que chegássemos o quanto antes.

Na escola havia uma multidão reunida protestando pela omissão da prefeitura em garantir a segurança dos alunos em relação ao avanço do mar e às travessias que são feitas entre as diversas localidades de Ilha de Maré, e com o continente também. Ao que pareceu, existia uma barreira de contenção que foi engolida pelo mar, e atualmente, ele se encontra a menos de três metros de distância do muro em frente ao colégio.

A população havia se reunido e trancado a escola para impedir que as aulas acontecessem como protesto. A Polícia Militar foi acionada e reabriu a escola, aquém dos protestos da população. Considero válido o protesto daquelas pessoas, as condições de travessia realmente não são seguras; não existe um cais adequado para que as embarcações atraquem; no cais existente não há barreiras de contenção; o mar avança, oferecendo risco para quem ousar sair de casa; o chão é de barro em muitos locais que, quando chove, se torna lamacento e escorregadio. Enfim, problemas não faltaram para que aquela multidão se reunisse.

Enquanto entrávamos na escola fui observando as feições de inconformidade daquelas pessoas e lembrei de tudo o que eu havia vivenciado. A ilha tão bonita e acolhedora, com o mar calmo e em alguns pontos até mesmo cristalino, com tanta coisa harmonizada e com grande espaço para se viver, também tinha seus problemas.

Assim sendo, decidi deixar o restante do grupo resolvendo o que faltava para iniciar a caminhada e sai para entender de fato o que as pessoas estavam fazendo ali reunidas. Observei uma repórter falando para a câmera as informações que tinha recolhido durante a manhã. Ela falava sobre a população ser abandonada pela prefeitura de Salvador, que os representantes só apareciam na ilha em cada quatro anos, quando aconteciam as eleições. Relatava, também, sobre a falta de meios de locomoção na ilha, que acabavam acontecendo a pé, por bicicletas, ou animais. Poucas motos se viam lá, e os barcos não oferecem segurança suficiente para fazer desse um meio comum, sobre falta de policiamento e saúde.

Ignorei o restante para tentar ouvir o que as pessoas falavam entre si. Não tive muito sucesso nesse momento, pois o clima já era de fim da mobilização, quando as pessoas já estão voltando para suas casas. Então decidi abordar algumas delas e fazer perguntas.

Parei um rapaz para lhe perguntar sobre o que havia acontecido para que as pessoas tivessem se reunido daquela forma naquele dia. Ele se apresentou como "Branco" e me informou que essa mobilização já estava acontecendo a cerca de uma semana. Resumidamente, o problema era o descaso que a população da ilha sofria por parte da prefeitura. Esse rapaz conhecia alguns boatos que existem lá e me contou. Reproduzirei aqui não apenas os que ele me contou, mas o de todas as pessoas que entrevistei, para ilustrar algumas razões que fizeram aquela população se revoltar, mas afirmo que não conheço a veracidade do assunto.

Branco me disse que, já há algum tempo, a Petrobrás já havia doado um montante de R$ 4 mil para a construção de uma contenção em toda a extensão de Praia Grande, mas que esse dinheiro nunca havia sido desfrutado pelos moradores. Revelou, também, que dentro da escola onde estava acontecendo os protestos, trabalhava muita gente desqualificada, uma vez que lá o sistema de indicação valia mais do que o currículo. E ainda, que a ilha estava menos segura, pois em algum momento, num passado recente, uma grande quantidade de drogas ilícitas chegaram nela, fazendo com que os moradores precisassem fazer sua própria segurança. Contou que, assim como ele, muitos filhos da ilha se sentiam incomodados com a grande quantidade de pessoas que iam lá apenas para turismo, pois assim era difícil saber onde e como agir, já que a condição de normalidade era que todos se conhecessem, independente da localidade. Disse também que não havia médicos na ilha e que muita gente ao adoecer, precisava se tratar com curandeiros.

Além disso, a alimentação era precária, fazendo com que muitos precisassem caçar, pescar ou plantar. Muitos usavam também fossas negras como forma principal de descarte sanitário, comprometendo a qualidade do solo e oferecendo inúmeros riscos à saúde.

Queria ter conversado mais com ele, mas não tive oportunidade já que meu tempo estava acabando e eu devia voltar para perto do grupo. Fiquei pensando muito nas coisas que me contou e fiquei entristecido, já que aquele lugar parecia, nas primeiras visitas, perfeito. Foi nesse momento, enquanto retornava para o interior da escola, que decidi mudar o foco de minha caminhada naquela última visita. Decidi que recolheria histórias e narrativas das pessoas daquele lugar ao longo da caminhada.

Quando finalmente cheguei perto do grupo, já estavam dividindo novamente os subgrupos. Desta vez faríamos diferente: andaríamos num único grande grupo e este seria dividido em subgrupos, recolhendo histórias e observando aspectos que interessariam ao tema do subgrupo.

Assim, mais uma vez, meu grupo ficou para trás, mas desta vez, acidentalmente. Fomos parando para conversar com diversas pessoas ao longo do caminho. Muitas delas não se sentiam confortáveis ou mostravam desinteresse em falar. Assim, seguimos andando em nosso próprio ritmo, observando as pessoas e imaginando como e com quais perguntas as abordaríamos.

Foi curioso perceber que a rádio que escutavam lá não era a de Salvador, mas a de Candeias, que é uma cidade vizinha. Isso é de uma importância muito grande, uma vez que a rádio é um dos meios de se fazer uma população se sentir parte de um determinado território. Quando perguntei para uma senhora que estava sentada à porta, abrindo alguns mariscos, disse que não se importava com que rádio ouviam, nem que se sentiam parte de Salvador nem de Candeias. Deduzi que eles vivem numa espécie de ostracismo político, sem ser atendidos por nenhuma das prefeituras. O que considerei muito injusto, já que o voto daquelas pessoas é requerido quando tem eleição.

Quando paramos para entrevistar outro senhor que estava sentado com mais dois jovens percebi que a comunicação não seria tão fácil assim. Tentamos, sem sucesso, estabelecer um diálogo e assimilar algo que pudesse servir para o projeto, mas foi em vão. Enquanto fazíamos isso, o restante do subgrupo seguiu em frente, e ficamos apenas três. Cada um possuía um foco diferente dentro das narrativas. O bom foi que fizemos companhia um ao outro. Concordamos que apesar daquelas pessoas não se mostrarem insatisfeitas com nossa presença, também não se sentiam animadas, de modo que não havia interesse em estabelecer algum diálogo.

Passamos por uma dupla de mulheres que se mostraram animadas em responder algumas perguntas. Na verdade, essa animação vinha da própria insatisfação de ser obrigadas a caminhar uma grande distância para conseguir o remédio que precisavam. Foi então que começou a enxurrada de reclamações que tinham para fazer da ilha.

Falaram sobre a precariedade da saúde e da falta de médicos na ilha, afirmando que todos os problemas relacionados deviam ser tratados em Salvador, e as emergências eram tratadas por pessoas que entendiam de chás e ervas; sobre a precariedade da mobilidade, já que qualquer atividade deveria ser feita a pé ou barco, mas que quando chovia era difícil fazer qualquer uma das duas; reclamaram sobre a ausência de segurança, que a noite também se sentiam menos confortáveis em sair de casa.

Um parente delas chegou e participou da entrevista. O curioso foi que ele já chegou falando que tinha muita coisa para reclamar, sendo que não havia ouvido a conversa anterior e nem mesmo tínhamos comentado de forma alguma sobre aspectos negativos da ilha. Nossas perguntas buscavam aspectos positivos e negativos, mas sempre descambavam para os problemas existentes lá.

Ele começou a falar sobre as mudanças que a ilha sofreu nos últimos anos. Afirmou sobre a existência de drogas e pessoas estranhas à ilha; sobre a dificuldade em conseguir alimentação, e que por muitas vezes sentia medo de consumir alimentos devido à falta de saneamento e tratamento de esgoto; falou sobre a falta de representação do governo; manifestou que a infraestrutura da ilha deixa muito a desejar; expressou ainda sobre uma antiga escola que foi abandonada e que agora era um "elefante branco", sem nenhuma função, sendo que poderia se tornar, por exemplo, um centro cultural ou posto de atendimento médico.

As reclamações aumentaram quando a dupla de mulheres decidiu se juntar ao rapaz, no momento que ele falou sobre o sentimento de abandono por Salvador, quando, a exemplo do período de carnaval, que é prometido para toda a cidade, a ilha não tem uma atração sequer. Revelaram sobre preços de alimentos inflacionados, forçando as pessoas a terem um cardápio predominantemente oriundo da pesca, o que também apresentava um perigo. Narraram ainda sobre despejos de dejetos no mar pelas grandes empresas no polo petroquímico e sobre a escalada ascendente do turismo na região.

Quando lhes perguntei sobre aspectos positivos, lembraram basicamente de um: é um lugar tranquilo e com paz. Era um bom lugar para viver devido a este fato, mas quando perguntei por outro não souberam responder. Assim, nos despedimos e seguimos andando.

Notamos que o horário estava muito avançado e que havíamos ficado muito para trás, de modo que decidimos não fazer muito mais perguntas e tentaríamos acelerar mais a passada. Buscamos conversar com outro senhor de idade avançada para tentar descobrir como era a ilha num passado mais distante, mas ele só soube afirmar que era muito feliz em viver lá e não queria mudar nunca. Parecia genuinamente satisfeito com todas as coisas.

Quando uma colega parou parar fotografar um gato, alguns dos moradores viram e foram muito simpáticos, nos chamaram e fizeram questão de mostrar um que possuíam. Ele era lindo: cinza e preto, muito peludo e tão grande que parecia uma almofada. Fugiu de nós rapidamente. Observei que estavam fazendo objetos de palha com grande agilidade. Ficamos conversando um pouco com aqueles moradores que também pareciam muito felizes em morar na ilha, sem reclamações. Contaram uma história não muito comum, dando a entender que o lugar era seguro para eles: um deles tinha a mania de beber durante a noite e correr pelado, sem roupas, pela comunidade na madrugada. Ficaríamos conversando por mais tempo, mas tínhamos que chegar no ponto de encontro com o restante do grupo: a praia das Neves.

Esse lugar prometia uma das paisagens mais belas de toda a ilha. É, atualmente, o destino turístico mais procurado. Decidimos não entrevistar mais ninguém para podermos chegar no ponto combinado pelo menos para não atrasar a saída do barco. Não considero suficientes as histórias que recolhi, mas não tínhamos mais tempo, então, seguimos andando.

Passamos por locais de difícil acesso, e outros que só foram possíveis atravessar devido à maré baixa. Havia locais onde o lixo era despejado para ser recolhido à barco, especificamente por canoas. Notei que haviam

pessoas indo e voltando, o que me fez supor que aquele caminho era rotineiro para a maioria delas.

No caminho, um cachorro da rua começou a nos seguir e tentamos dar um nome a ele. Sugeri "sarnento", mas os outros dois não gostaram
da ideia. Assim, fomos andando com aquele cachorro nos seguindo e fomos
conversando, rindo e jogando conversa fora. O sol a pino nos fez sentir
vontade de tirar a blusa. A rua estava vazia e não faria mal a ninguém. Então, assim seguimos: dois de nós sem blusa, um completamente vestido,
jogando conversa fora.

Um homem a cavalo nos ultrapassou e manteve uma certa proximidade. Sugeriu que guardássemos a câmera pois, podíamos ser assaltados.
Agradecemos a sugestão e a guardamos. De algum modo, me senti satisfeito
dele continuar mantendo proximidade. Descemos uma ladeira e havíamos
chegado numa praia. Logo, notei a presença de parte do grupo, o que nos
deixou mais seguro e menos preocupados com o horário. Estávamos ani-
mados e deixamos nossas coisas na areia, e corremos para a água. Quando
finalmente estávamos imersos, o rapaz do cavalo sinalizou para nós. Quando sai da água ele recomendou que não deixássemos nossas coisas ali, sem
ninguém por perto. Enquanto conversava com ele, os outros dois que estavam na água se aproximaram de nós e o clima já não mais permitia diversão.
Decidimos continuar o caminho e chegar à Neves, e seguimos o senhor.

A paisagem mudou de modo muito perceptível. O ambiente era
lindo. Havia árvores com as raízes submersas, a água numa coloração esver-
deada e as casas arrumadinhas e bem construídas. Tudo muito diferente dos
locais por onde passamos andando. Encontramos o restante do grupo e
fomos andando mais afastados da mesma forma. Havíamos nos relacionado
de uma forma que, para mim, era mais satisfatório estar entre eles dois do
que com todo o grupo. Assim, seguimos o pequeno pedaço que faltava para
chegar em Neves.

Lembro de ter feito a seguinte pergunta: "Já pensaram se aqui for
mais bonito que Neves? Ficarei muito insatisfeito se chegar lá e perceber
que troquei a beleza daqui por lá". E isso aconteceu.

Ao chegarmos em Neves, percebi que considerei muito mais bonito o caminho que o destino propriamente dito. Lá era bonito, isso é
inegável, mas tinha colocado muita expectativa sobre o lugar, assim como
meus colegas haviam sugerido quando fiz aquele comentário. De qualquer

forma, aproveitei a praia e mergulhei com todos. Tiramos algumas fotos, boiamos. Uma colega passou areia do mar no rosto, para diversão de todos. Ficamos aproveitando a paisagem, o mar, a presença um do outro. Dei-me conta de que mais uma vez havia esquecido a aula da noite e, consequentemente, a prova.

Então, depois de algum tempo voltamos para o barco. Todos pareciam um pouco tristes com isso, ou talvez fosse apenas eu, entristecido, fazendo uma leitura errônea de meus colegas. Havia me afastado de meu subgrupo e fui conversando com outra colega sobre a prova.

Ao chegarmos no barco as pessoas começaram a cantar inúmeras músicas e conversavam alto, interagindo entre elas, diferentemente de todas as outras vezes. Achei aquilo muito divertido, porém mais uma vez fui para a parte inferior e voltei a estudar para a prova. Minha viagem havia terminado.

Hoje, enquanto escrevo, percebo que passei por um processo. As andadas me fizeram muito mais do que apenas um bem físico, como imaginei que iam fazer. Aliás, se fosse esse o objetivo, eu deveria ter continuado com minhas corridas, ou fazendo longas caminhadas.

Elas tiveram uma relevância muito grande. Pude perceber como a caminhada pode ter diversos objetivos e possibilidades, e como nos permite um contato mais próximo com as pessoas. Isso, além da sensibilização a que fui submetido, nunca experimentada dessa forma antes.

O melhor de tudo foi ser retirado de um estado de pressão latente e contínua para vivenciar uma experiência sensorial que não existe no cotidiano. Mergulhar num local onde é permitido viver e ter sensações que esquecemos. Era tudo o que precisava dentro dessa dinâmica da vida citadina que conhecemos. Considero que isso também melhoraria as condições e a qualidade das relações sociais que conhecemos.

Enfim, percebo agora que caminhar não era o que bastaria para mim. Isso se faz comumente, de várias formas: como meio de mobilidade, de protesto, de exercício físico, romântico e outras coisas mais. Contudo, uma caminhada como meio de me afixar de volta no presente, me atentando a detalhes e criando mais empatia me fez sentir mais vivo e feliz. Acredito que essas atividades podem ajudar toda uma massa neurótica ou ansiosa a resolver seus problemas, ou ao menos mostrar o caminho para se caminhar.

Concluo então, com base em minha experiência, que para a sociedade neurótica e melancólica, sempre triste e apressada, essas atividades que propõe o retorno à natureza são essenciais. Devemos nos preocupar mais com os pares e agir com mais empatia, além de minimizar a quantidade de estresse e preocupações que assolam a mente de um cidadão em seu cotidiano. Observar os detalhes, se permitir as sensações, muitas vezes esquecidas, que o espaço propõe e se engajar no cuidado com o ambiente e com o próximo. Esse é o resultado da arte de caminhar.

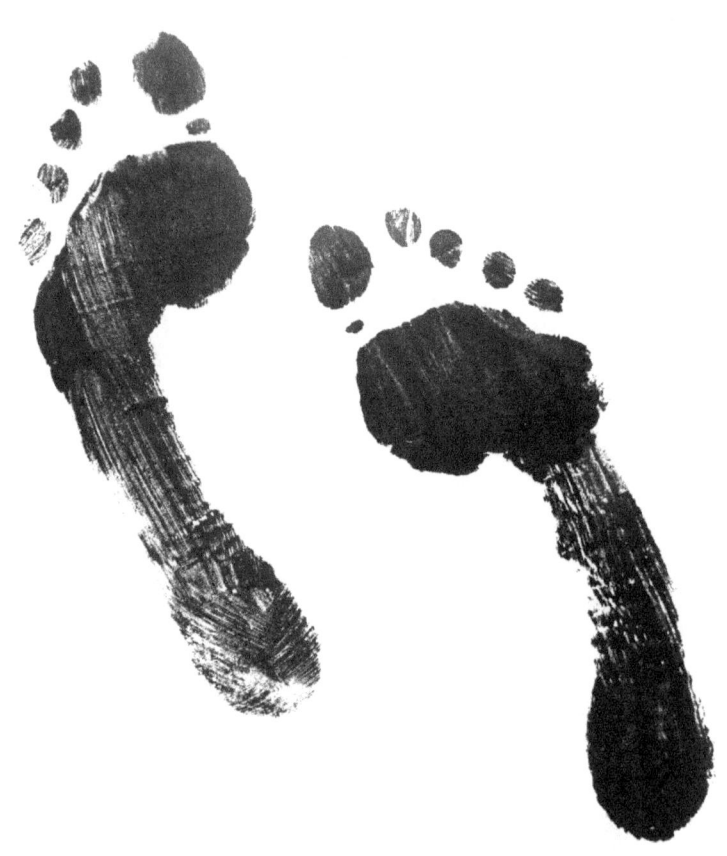

Como Caminhadas Solitárias Constroem uma Narrativa de Si

Daniel Maurício de Aragão

Caminhar para mim sempre teve a ver com a solidão. A bem vinda solidão. Aquela em que nos distanciamos do dia-a-dia para - com o corpo em movimento - pensarmos livremente sobre a vida. Cada caminhada poderia ser uma experiência única, mas não é exatamente assim que ocorre. Quando o sujeito que caminha é o mesmo, ainda que em fase diferente de sua vida, novas caminhadas remetem à subjetividade presente nas anteriores.

Imagine uma vida contada só a partir dos pensamentos solitários de um sujeito em suas caminhadas. Ainda que o cenário seja diferente ou tenha mudado, ainda que os desejos e as angústias sejam de outro momento existencial, há um caráter de continuidade entre as caminhadas que falam do mesmo sujeito. São caminhadas que se comunicam entre si. Cada nova caminhada traz marcas subjetivas de caminhadas anteriores.

Ao participar de um dia de caminhada na Ilha de Maré como parte do projeto A Arte de Caminhar, distanciei-me um pouco do grupo em alguns momentos. Encontrei-me com o mesmo Daniel que aos 20 anos pegava um ônibus para caminhar quilômetros da praia de Arembepe sozinho e ao sol tentando libertar-se e processar na cabeça sentimentos confusos, o mesmo que anos depois caminhava de noite na praia da

Armação, em Florianópolis, o mesmo que já andou solitário por tantos lugares, caminhando e processando os mistérios e as ansiedades de uma vida.

Nessas caminhadas, as mesmas canções vinham à cabeça e eram cantaroladas baixinho: Trem das Cores e Tigresa, de Caetano, Sangue Latino, dos Secos e Molhados, Luisa e Lígia, de Tom Jobim, Metamorfose Ambulante, de Raulzito, e tantas outras. Essas músicas estabeleceram uma conexão consciente entre tantas caminhadas. Era quase como se fossem a chave para engatilhar minha subjetividade, o password para os downloads subjetivos. O corpo em movimento, um cenário estimulante, as canções e eu em uma eterna busca de um entendimento melhor de para onde ir, o que me permitir, de que desistir, com o que sonhar.

Caminhar não é o mesmo que ficar parado pensando no sofá ou na cama. Não é o mesmo que parar e contemplar a natureza, as pessoas, o nascer ou o pôr do sol. Há certos pensamentos que precisam de movimento. É próximo da experiência de viajar de ônibus sozinho contemplando as paisagens. É próximo dos pensamentos processados ao nadar na piscina ou no mar. Caminhar permite juntar a contemplação e o movimento, estimulando a reflexão de um sujeito que se move com o mundo.

Cada caminhada solitária acrescentou um pedaço da narrativa que eu construo sobre a minha vida. Na cabeça, o real e o irreal se misturavam, possibilidades de ser quem eu era, não era, ou talvez fosse. Ao final das caminhadas, o corte necessário pra voltar ao mundo e ser o acúmulo do ponto em que foi possível chegar. Brincando com o verso do poeta Pessoa, caminhar é preciso pra que viver tenha mais sentido.

Narrativas da arte de caminhar escutando a fé em Ilha de Maré

Nete Amorim

No primeiro dia 18.05.2018 na Ilha, o tempo estava chuvoso, nossa caminhada foi por cima de muita lama na trilha escolhida pelo meu grupo, sob a orientação do professor e de mais cinco estudantes da Escola Municipal de Ilha de Maré. Até ali, não tinha certeza do que fazer como produção final. Porém, ao retornar, olhando as fotos que tiramos, e visto que "lugares novos oferecem novos pensamentos e novas possibilidades" (SOLNIT, 2016), percebi templos religiosos dentre elas, e resolvi escutar os moradores com o foco em saber mais sobre a religiosidade do local, ao voltarmos no dia 08.06. 2018.

Segundo Tereza, V., (2012)," Um olhar e uma escuta dessintonizados é uma forma de alienação da realidade do grupo." Assim, como fiquei com o grupo de narrativas, a turma se dividiu próximo à Escola e iniciamos a segunda caminhada. Enquanto isso, passava por nós, seu Renato Neves, que embora sem tempo, garantiu que falaria comigo posteriormente. Dali em diante, segui com algumas perguntas simples acerca da fé daquela comunidade, perguntas que fossem comuns a todos. Meu primeiro entrevistado foi o Sr. Béu, homem nativo da localidade, que disse não ter religião, mas que ali tinha uma diversidade de templos religiosos (alguns já observados) onde eu encontraria várias denominações religiosas. Caminhando, encontrei pessoas bastante receptivas, que se dispusera a falar sobre suas crenças e dos seus familiares.

Para começar, registrei algumas falas. Nesse passo, encontrei Aline, Sra. Maria Eugênia e Sra. Linda, uma delas espírita e as outras cristãs protestantes. Elas disseram que eram novas ali, moravam há apenas um ano, e que na rua onde moravam já tinham visto três igrejas diferentes. Achamos também, muitos búzios e conchas no caminho, logo, não perdi tempo em perguntar se tinham alguma relação com a religiosidade das pessoas, disseram que eram muito usados para o enfeite das casas, mas elas acreditam que alguns usem também para fins religiosos.

Conversei com Sr. Diego, que afirmou respeitar a todas as religiões e tendo elas, muita importância. Ele tem 30 anos na Ilha e pertence a comunidade evangélica. Alguns se diziam católicos, mas não praticantes, e relatavam que a igreja costuma fazer procissão, novena, além de comemorarem o dois de fevereiro, dia de Iemanjá.

Um relato interessante foi do Sr. Oziel, carpinteiro naval que disse ter um sindicato (clientes do bar) em Santana, que religiosamente não estão ali e só anda cheio que essa era a fé ali. Quis saber também, se diante de tanta diversidade, eles tinham uma loja de produtos religiosos... não tinham. Escutei ainda o Sr. Valdo, e a Sra. Nelia de 68 anos, e por fim, Andréia, marisqueira, estudante adepta da religião evangélica, na qual me falou de saúde, o que não era o tema em questão, mas a escutei.

Por fim consegui falar com Sr. Renato Neves, e este falou que a comunidade tem certificação quilombola a qual pertence à escola. Mencionou ainda a ancestralidade indígena e africana da Ilha, e em especial ao povo de santo, onde culturalmente muitas coisas têm se perdido, o que o próprio denomina colapso cultural. À escuta, a esse povo faz sentido quando levamos isso ao "pé" da letra.

Após as escutas, agora entendo que o desafio foi: Caminhar e escutar dando atenção à crença das pessoas, seja na lama, na terra ou nas areias do mar, em Ilha de Maré, sem perder a passada. Como diz Rubem Alves (2005), "Pra mim Deus é isso: a beleza que se ouve no silêncio. Daí a importância de saber ouvir os outros: a beleza mora lá também. Comunhão é quando a beleza do outro e a beleza da gente se juntam num contraponto..."

Referências Bibliográficas

SOLNIT, R. **A História do Caminhar**. In: São Paulo: Martins Fontes, Cap.1, 2016.

TERESA, V.; BEMFICA, S. **A educação estética ambiental do olhar e do escutar** : do estranhamento à criação. RevBEA, v. 7, p. 50-62, 2012.

ALVES, R. **A educação dos sentidos e mais**. Campinas, São Paulo: Verus, 2005.

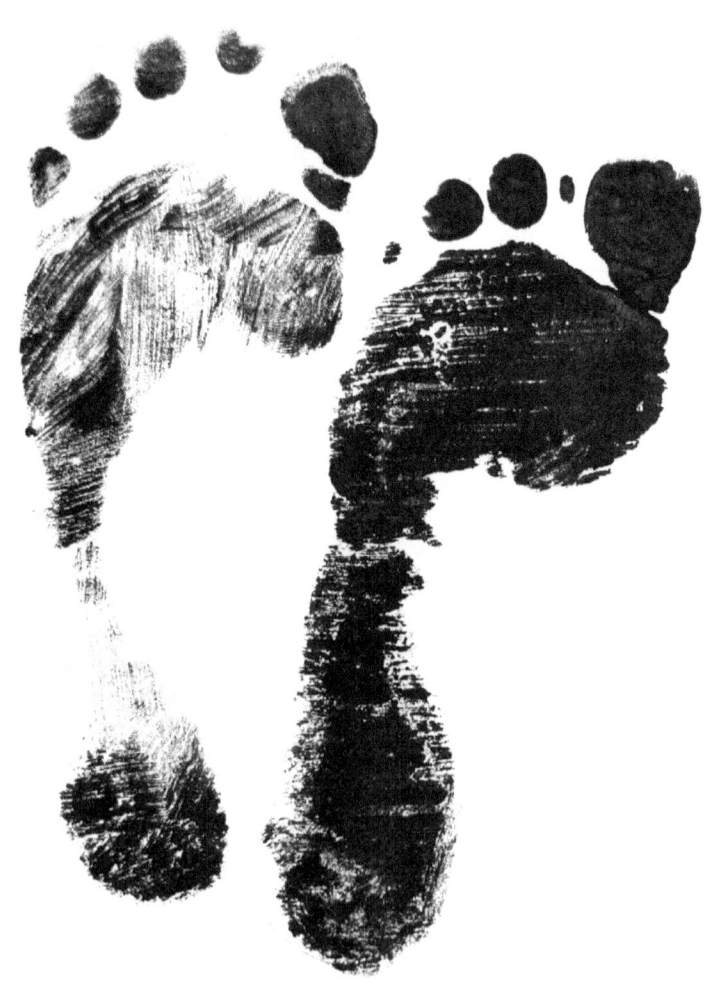

Presentes de uma caminhada
Walter Lemos Alves Junior

Poesia feita, a partir da vivência com os alunos em Ilha de Maré, possibilitada pela ACCS: Arte de Caminhar. Dessa forma, tentei relatar em versos minhas melhores lembranças sobre essa experiência fantástica que, me possibilitou conhecer novas realidades e ir para além dos muros da Universidade.

De fato, foi uma vivência muito prazerosa, onde pude aproveitar incontáveis momentos de felicidade, junto a pessoas que aprendi a gostar, sem falar, o contato abundante com a natureza que me trouxe fortes lembranças do meu interior, me remetendo à inevitável saudade de casa.

Estou muito satisfeito com a trajetória construída. As relações harmoniosas do grupo e a sensação de estar em uma equipe unida, me alegrou bastante, além disso, a possibilidade de sair do caos da capital e da loucura de uma rotina pesada, mostrando que a vida pode e deve ser mais diversificada, foi outro ponto que me satisfez imensamente. Assim, levarei esta experiência para administrar minha rotina, deixando sempre espaço para atividades que gosto de realizar e o mais importante, irei fazê-las sem o sentimento de culpa me atormentando.

Que perturbação é a cidade
Quem me dera um verde para olhar
Mas em Salvador é raridade
Não posso me acostumar

Queria ter tempo para sair da rotina
Para as simples coisas dar atenção
Mas a responsabilidade me incrimina
Puxando de volta para minha solidão

Só queria um lugar para caminhar
Que fosse calmo e bonito
Cercado pelas matas e pelo mar
Com certeza seria o me lugar favorito

Hoje posso dizer que o encontrei
Vocês devem imaginar onde é
Demorou mas eu achei
Estou falando da Ilha de Maré

Esse presente não veio sozinho
De várias amizades veio carregado
Assim no meu peito fazendo carinho
E de felicidade ele ficou lotado

Das cantorias e das prosas
Com certeza me lembrarei
As despedidas são dolorosas
Mas dessa caminhada jamais esquecerei.

O Caminhar e as Visualidades

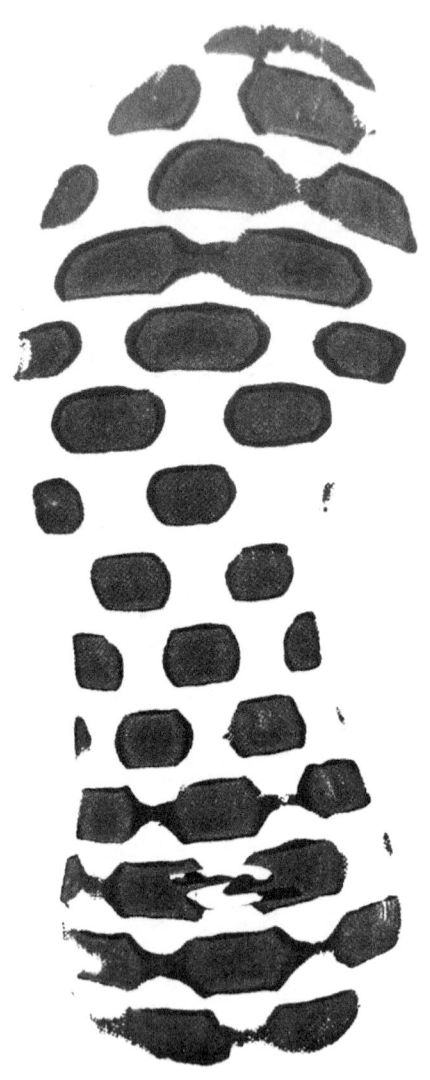

eu o mar a ilha
Susan Rodrigues e Victor Chaves

Produzido por Susan Rodrigues e Victor Chaves, a intervenção artística criada para a ACCS: A Arte de Caminhar é um conjunto de percepções e interações que ocorreram a partir de uma experiência repleta de surpresas no município de Ilha de Maré.

A primeira parte do trabalho consiste num conto que narra a história de um personagem em uma jornada de descobertas, novas vivências e encontro de si mesmo. A substância do conto: personagens, cenários e acontecimentos são baseados na união da imaginação e experimentações vividas. A segunda parte e a conclusão da obra são fundamentadas numa produção audiovisual, em que o conto resumido, é narrado e ilustrado, em uma compilação de imagens produzidas também nas mediações de Ilha de Maré.

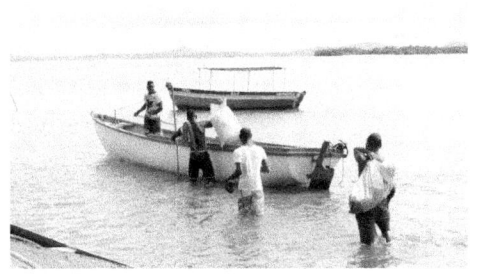

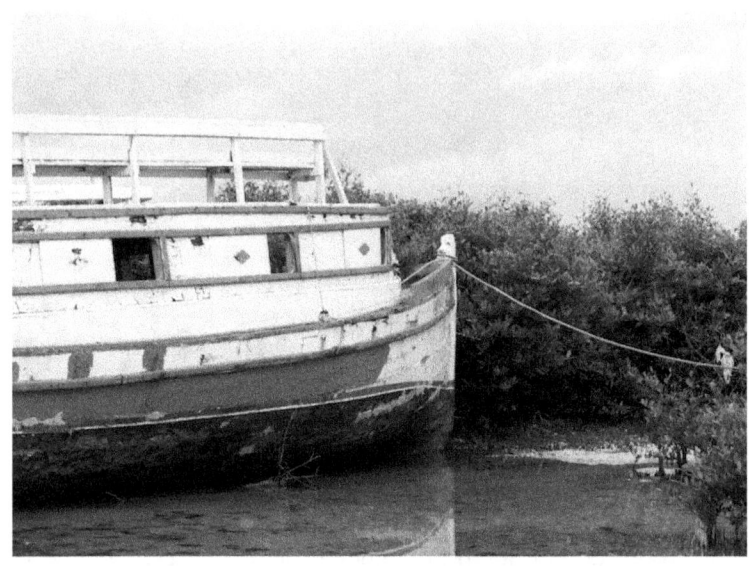

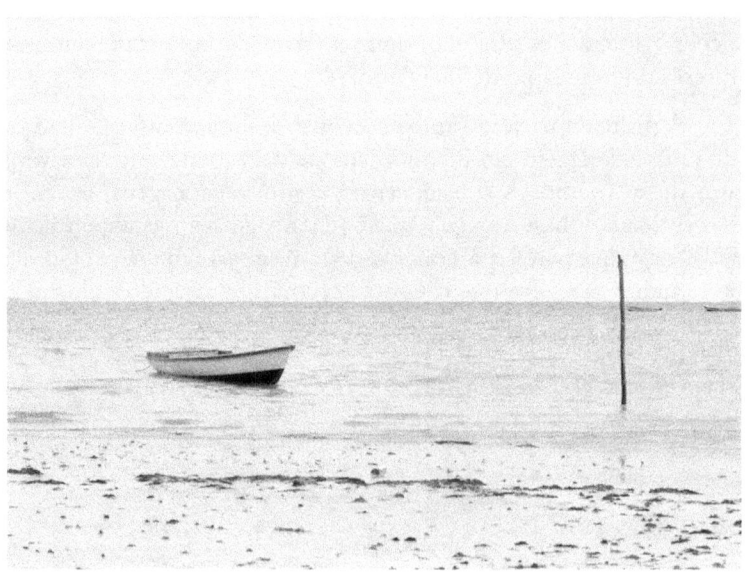

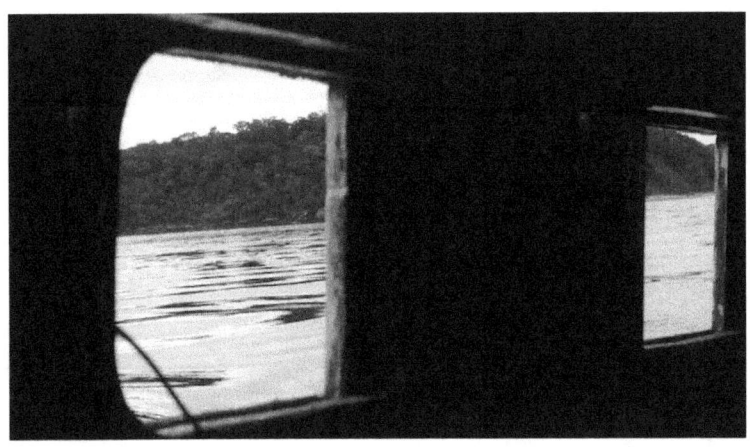

Link para o vídeo: http://vimeo.com/278855466

"Só consigo meditar quando caminho. Parado, deixo de pensar; minha mente só funciona acompanhando minhas pernas"

Jean-Jacques Rousseau

Atravessar
Monique Feitosa

O ser para experimentar as coisas, no sentido de se deixar tocar, atravessar, precisa se expor, ir sentir. Isso me fez pensar em toda essa vivência em Ilha de Maré, todas as sensações, toques e atravessamentos vividos nessas duas caminhadas. Foi uma travessia literal, sensitiva, lúdica, interna. Dois mundos imergindo juntos e somando experiências. Duas realidades construindo uma terceira, mais maleável e encharcada por vivências, aprendizados e interações. Caminhar é mais do que um processo físico, é um processo de conhecimento, pessoal e externo, é um processo visual, olfativo, tátil, auditivo. Essa experiência foi um aporte em mares desconhecidos, foi uma travessia para fora da zona de conforto. Pensando nisso, resolvi fazer um vídeo documental para não esquecer todas essas sensações e trocas, para revisitá-las sempre que possível.

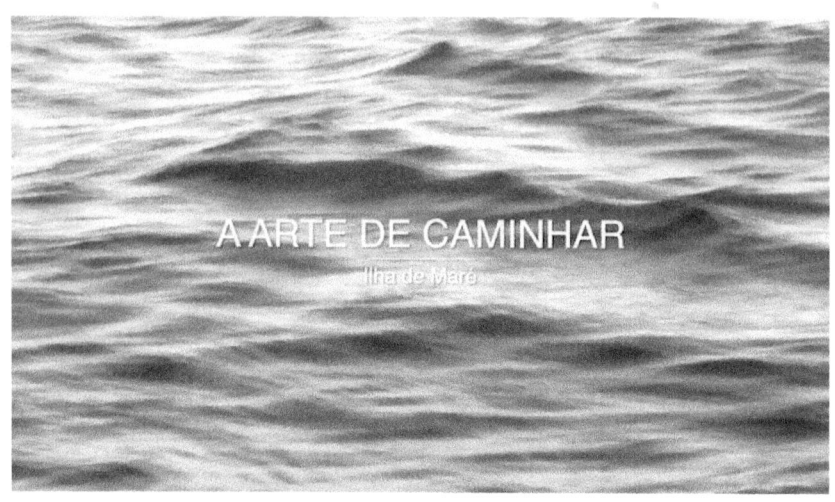

Link do vídeo:
http://caminhar.ihac.ufba.br/index.php/2018/07/08/monique/

O Entretempo
Raphael Dutra

O entretempo, ou o tempo de caminhar entre um lugar e outro. Tempo em que o corpo se estabelece entre o céu e a terra e que a mente toma consciência da força de resistir através dos sentidos que transmutam atos universais a significados particulares.

Os caminhos, abstratos e concretos, mentais e físicos, são estreitamente particulares a cada um.

Não existe mundo externo percebido inteiramente igual, nem mente que teça a mesma teia de pensamentos em uma mesma sequência.

No entretempo, podemos estar na mente e no corpo simultaneamente, mas sem predominância de nenhum sobre o outro.

O diálogo perfeito da concomitância e ausência.

Observações, lembranças, planos, a mente e a paisagem são caminhadas, esquecidas, reformuladas, transmutadas, e tudo num mesmo período de tempo.

A paisagem reflete o ser e o ser se vê na paisagem, mas tudo passageiro e obedecendo a um ritmo de fluxo.

Fluxo temporal que não somos capazes de definir com clareza, nem sequer muitas vezes compreender ou aceitar, mas que inegavelmente estamos imersos e positivamente obrigados a conviver.

O lugar do entretempo é infinito, constante, 'impermanente' e influencia toda nossa experiência humana.

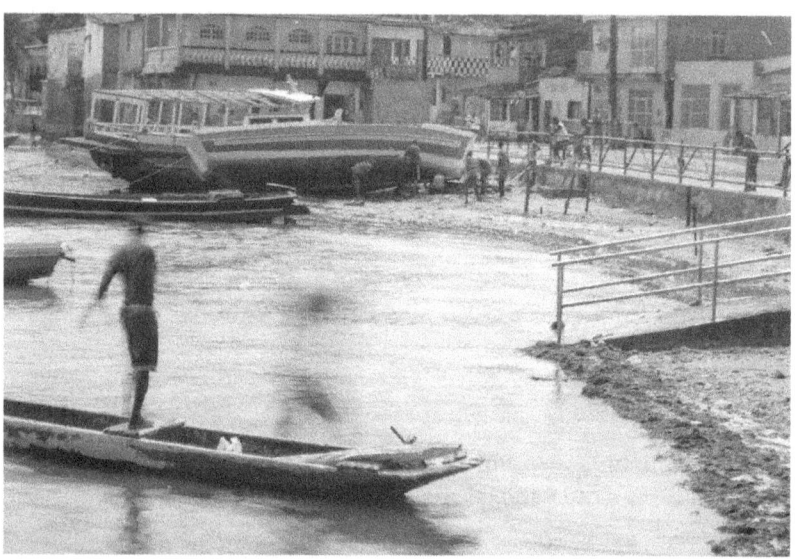

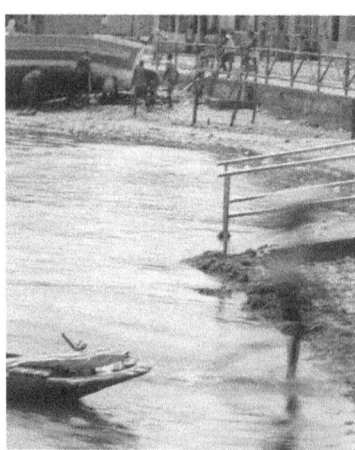

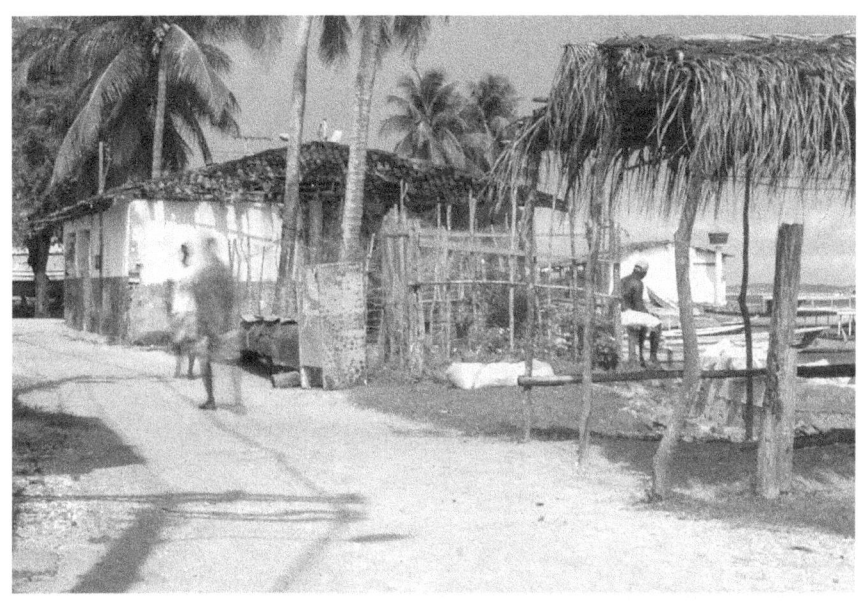

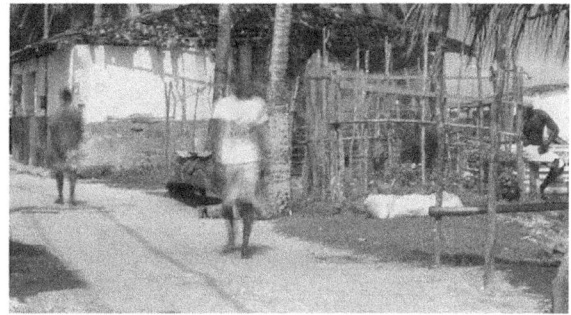

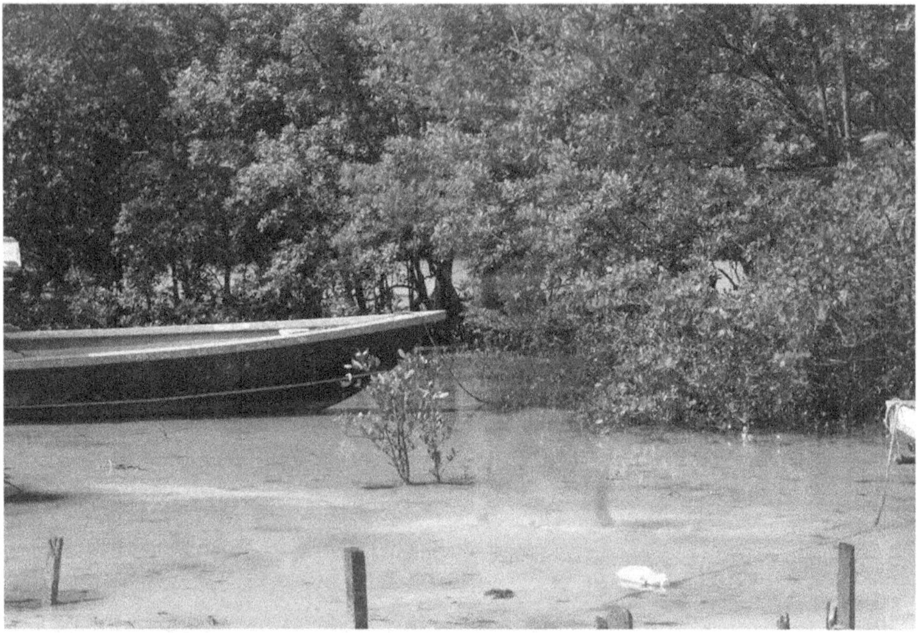

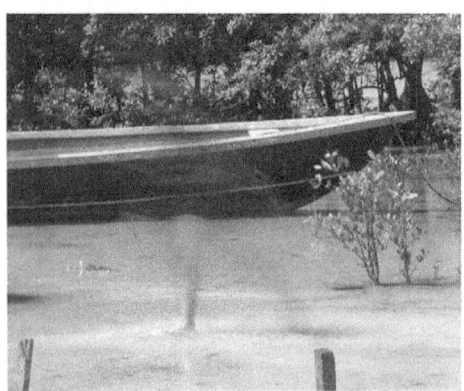

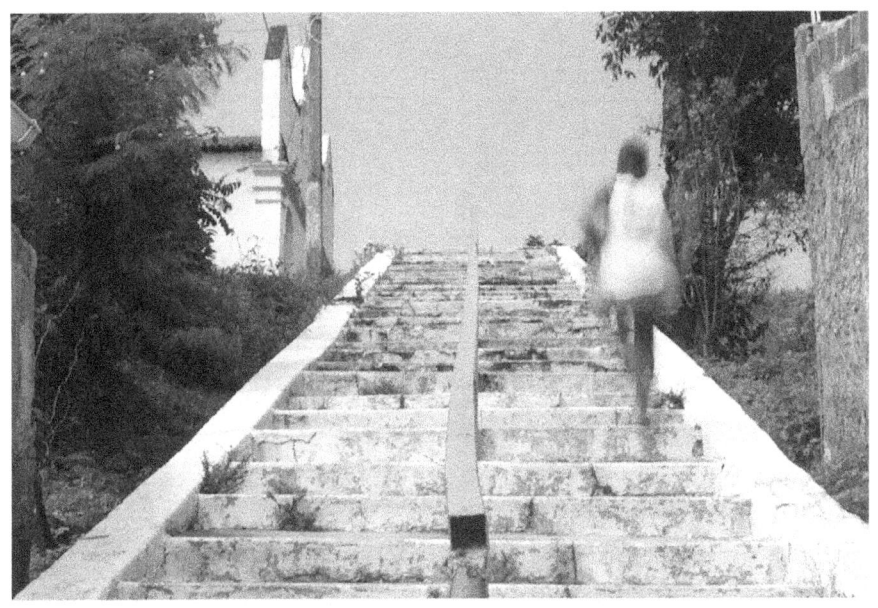

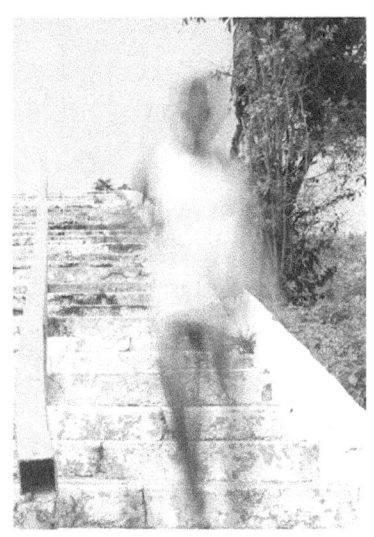

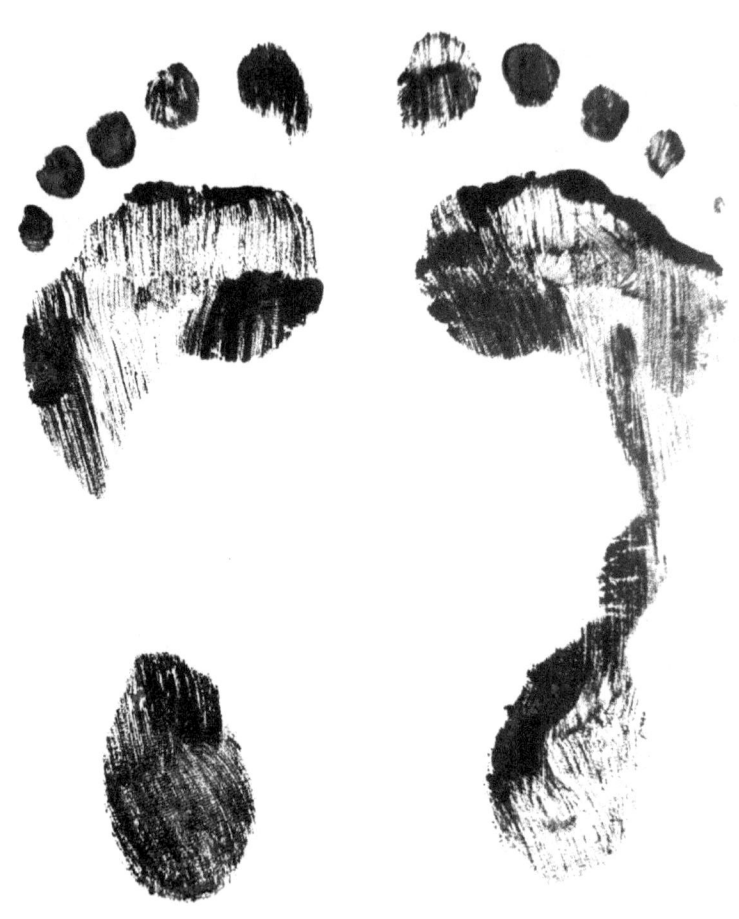

O Paraíso do Fim do Mundo
Iara Crepaldi

A Baía de Todos os Santos e suas 56 ilhas compõem um ambiente raro, seja pelas dimensões, seja pela flora e fauna, seja pelo patrimônio material e imaterial que reúne. Seria a descrição de paraíso não fossem as toneladas de lixo que encalham em suas praias e o abandono que assola suas populações.

O fato é que não há paisagem sem dejetos nem foto sem sujeira. Uma sujeira que vai desde a passagem para a escola pública desabando sobre o mar até o entulho largado nas ruas, praias, matas e calçadas, cheias de cães, cheios de sarna.

O paraíso está virando um lixão a céu aberto, anunciando o fim de um mundo no qual se perpetuam culturas impossíveis de existir fora dali.

O ensaio fotográfico O Paraíso do Fim do Mundo amplia e projeta essa realidade de deterioração e descaso para um momento pós-contaminação por agentes químicos.

O acúmulo de dejetos tóxico - produzido pelas indústrias de armas químicas e refinarias - tingiu o céu, o mar, a vegetação e a terra de algumas ilhas; em outras, deixou tudo escuro ou claro demais.

Os poucos sobreviventes são mutantes, com peles e pelos de coloração tão impossível quanto a capacidade humana de conviver com os seus paraísos.

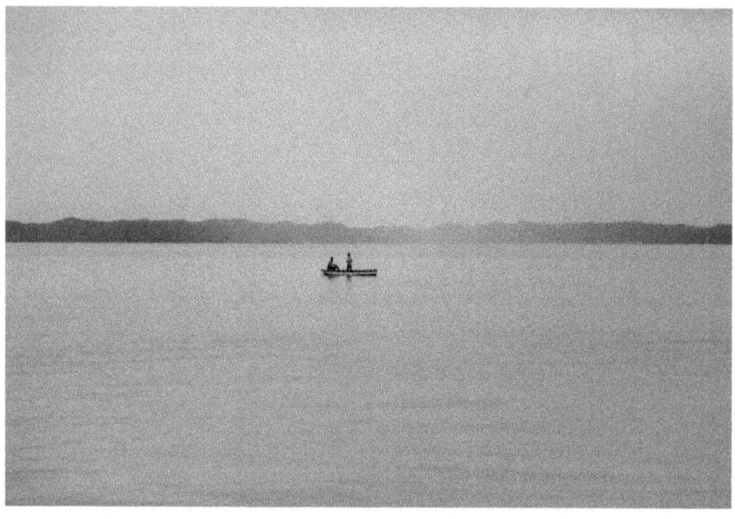

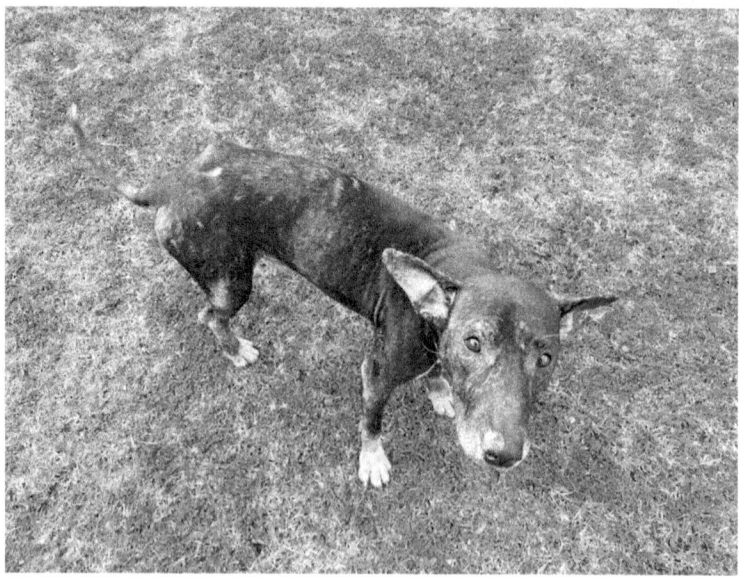

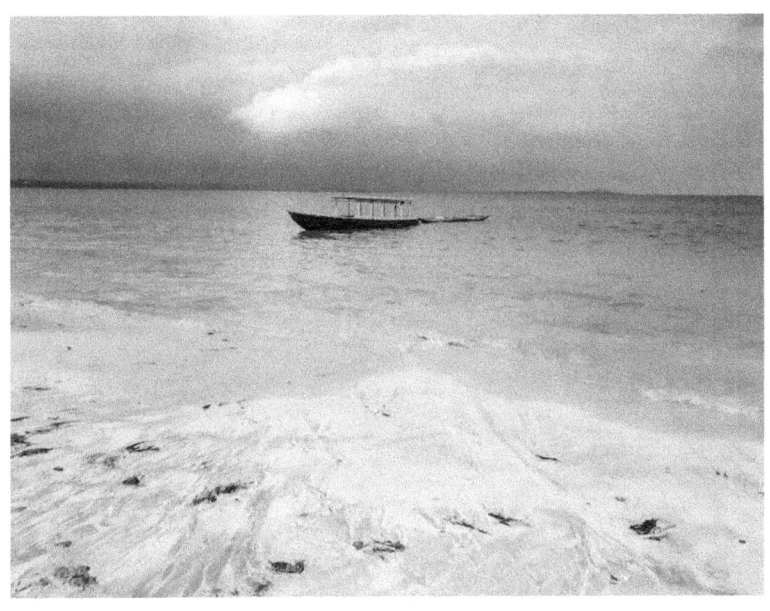

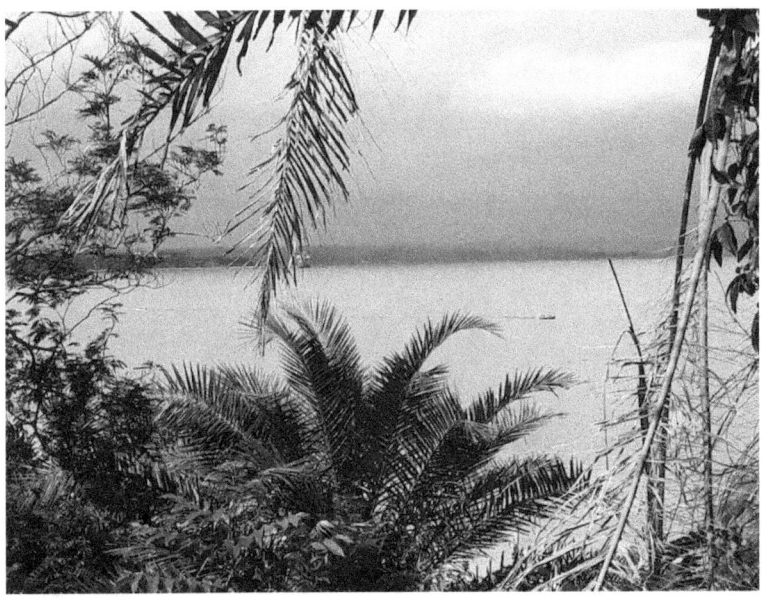

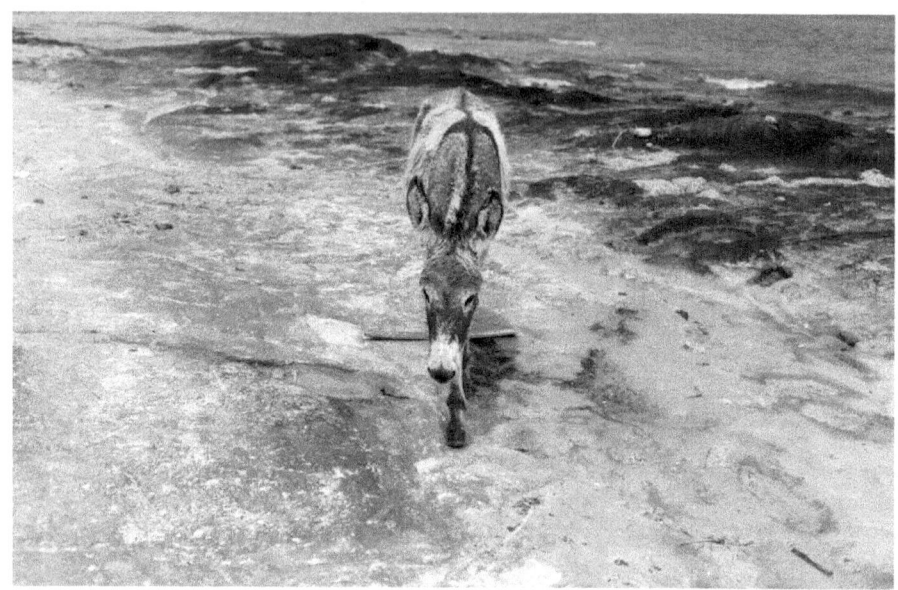

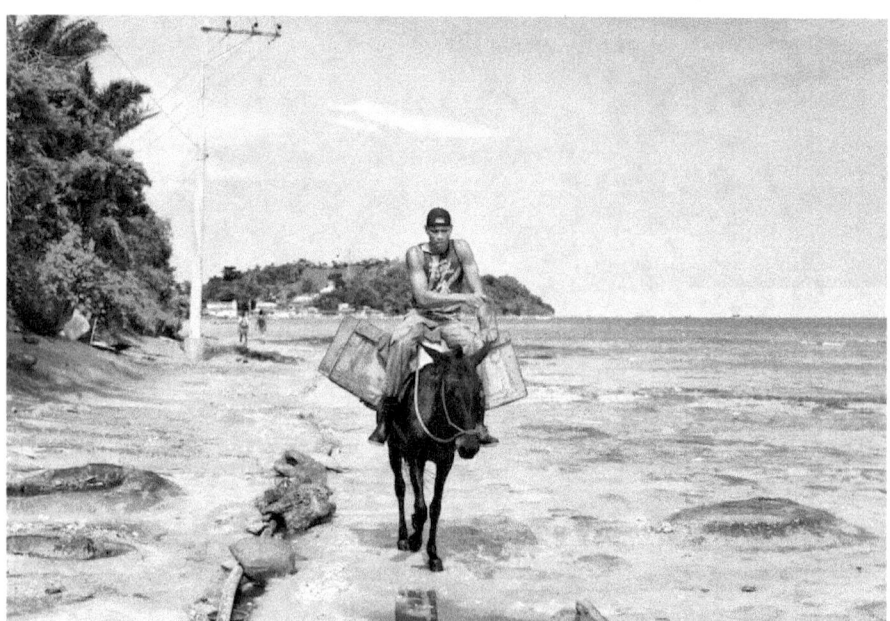

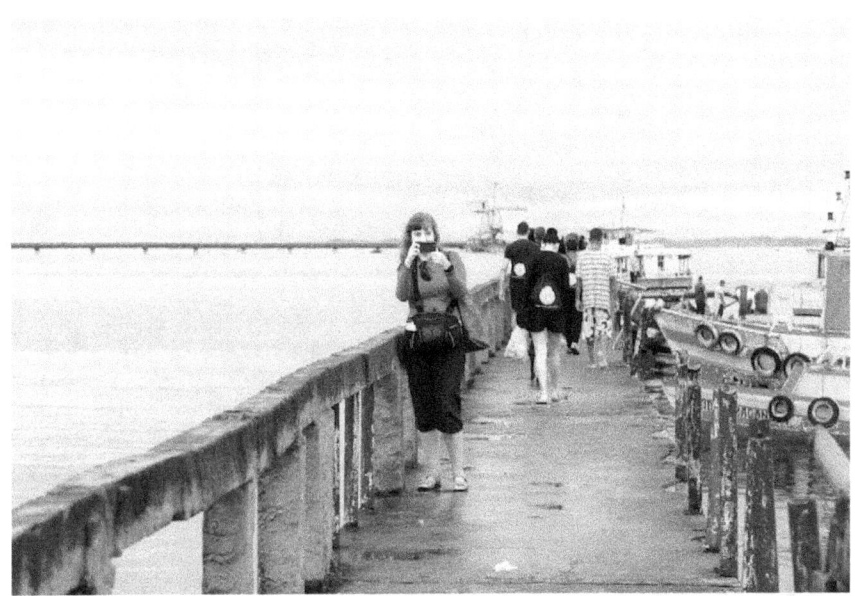

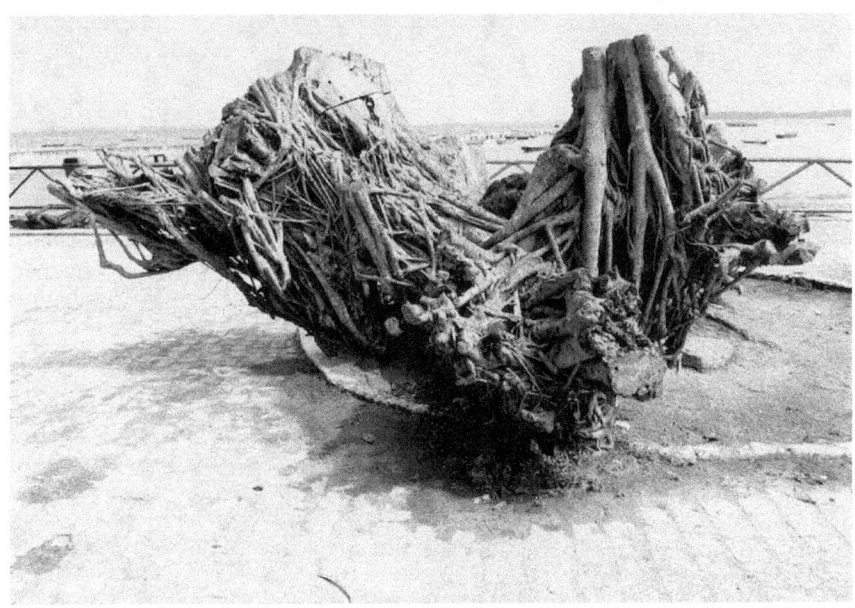

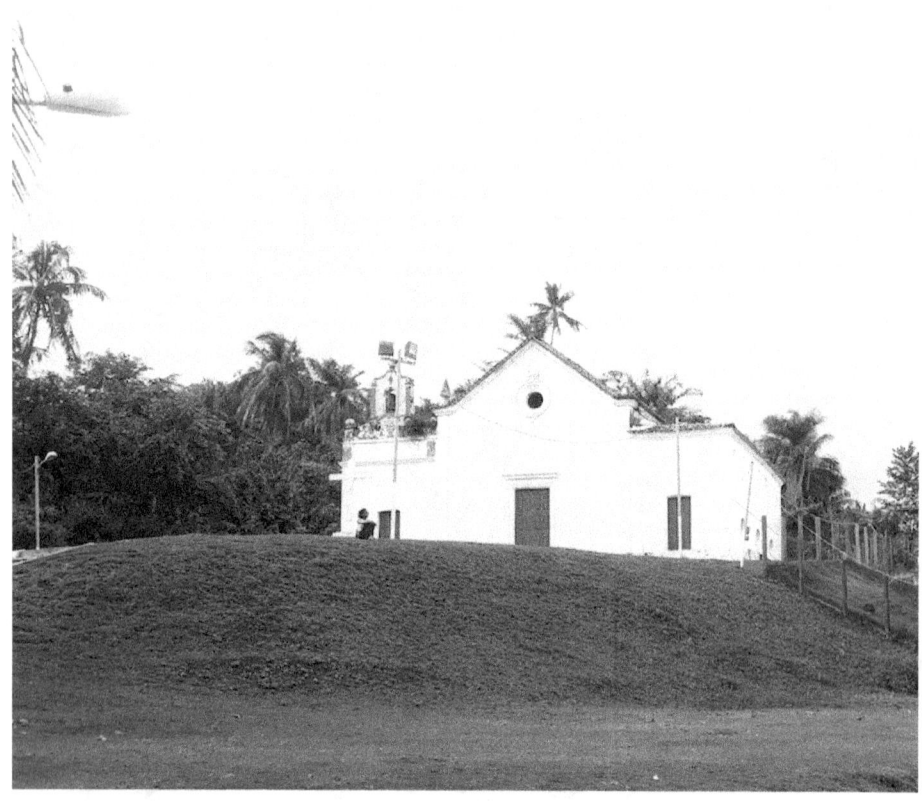

Pedaços de Maré
Marcela D'almeida

Meu apego pelo mar é tão antigo que nem me lembro quando fomos apresentados, não lembro dele sem ser, já fazendo parte da minha rotina.

Crescer em Salvador me trouxe o privilégio de poder quase sempre escolher caminhos que levassem ao mar, de poder escolher caminhar perto dele. Salvador bonita do jeito que é, até onde não se vê mar, me fez entender o quão significativo é caminhar por onde a gente ama. A conexão que se sente, ajuda a trazer o lugar para perto, é o entender definitivo que a gente faz parte.

E foi daí que desde pequena ficou claro para mim a importância do caminhar como uma maneira de se perceber parte do todo.

E das caminhadas pela minha cidade, do andar na beira do mar, veio a vontade de caminhar por toda parte.

Caminhar na natureza alimenta. Li, faz pouco tempo, um texto que defendia a teoria de que a natureza nos alimentaria de energia e o caminhar junto ao mato, ao rio, ao mar, seria diferente do caminhar na cidade. Se você estivesse na sintonia certa, pronto para receber aquela energia, você iria mais longe.

O caminhar em Ilha de Maré, como não poderia deixar de ser, me fez sentir presente. O tempo foi para outro eixo, foi suspendido, e eu senti com calma as casinhas, a lama, as pegadas dos bichinhos, a dancinha dos siris, o mar, a areia, as conchas, o sol, as árvores, o céu. Tudinho. Com calma. Fui presente.

E voltando para casa, no barco, com o sol na cabeça e o barulho do mar, eu pensei que não poderia existir maior felicidade que aquilo.

Meu trabalho é uma colcha de retalhos, no sentido figurado. Ele junta pedacinhos de maré e pedacinhos da caminhada que me foram especialmente queridos. A construção foi bem intuitiva, ele foi pensado para ser sentido.

É uma espécie de diário, com registros das coisas que chamaram atenção ao longo da caminhada, não de todas, às vezes, a gente só está tão envolvido que esquece de pegar a câmera para registrar. Vai desde fotos dos descascados das casas até a maré.

Caminhar é guardar um tempo só para gente e caminhar em Ilha de Maré foi especialmente inspirador, me lembrou o tempo todo o quanto é importante para mim estar perto da água salgada.

"Quando eu morrer
Voltarei para buscar os instantes
Que não vivi junto ao mar"
O Canto de Oxum - Vinicius de Moraes

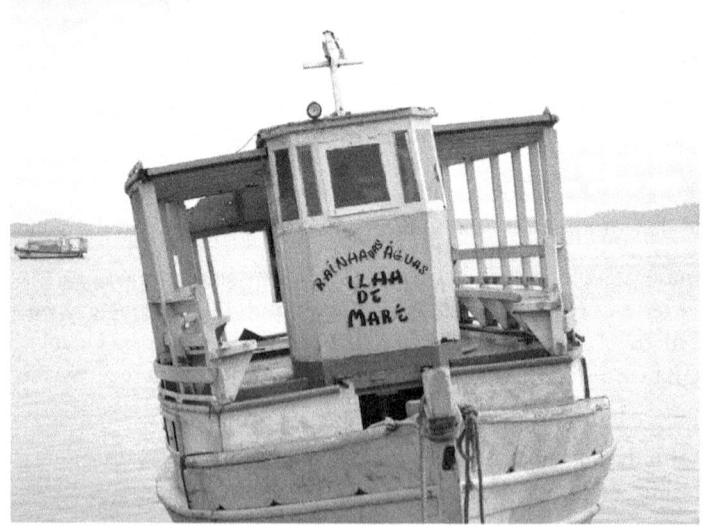

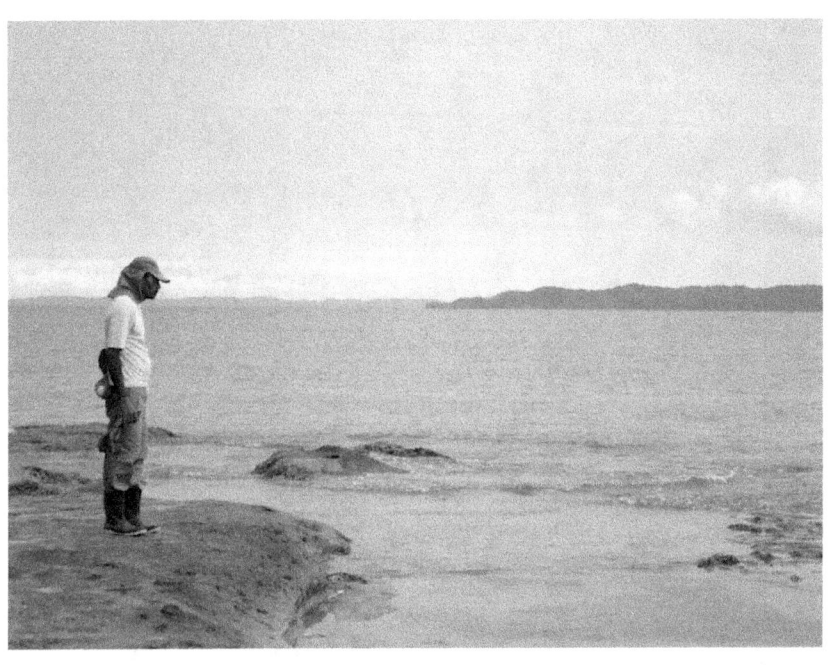

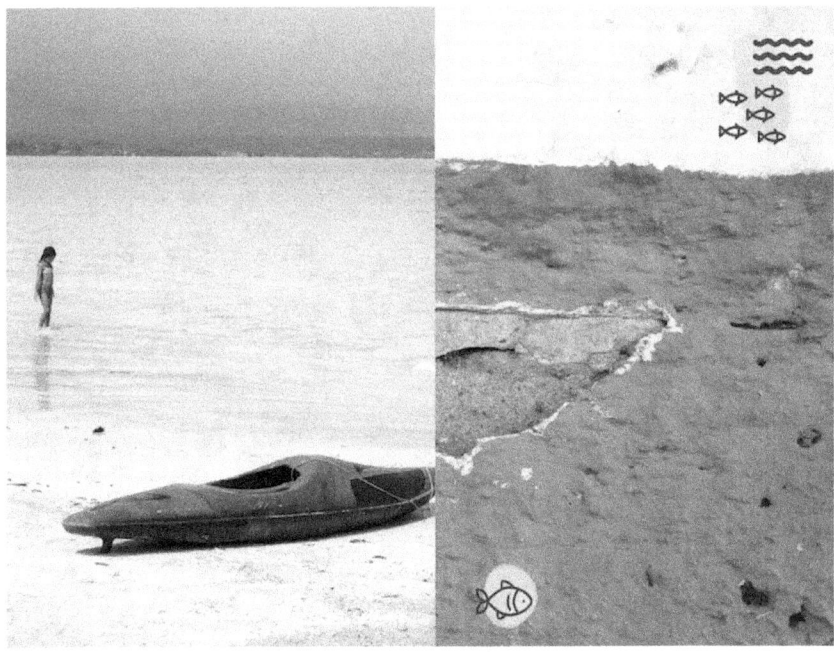

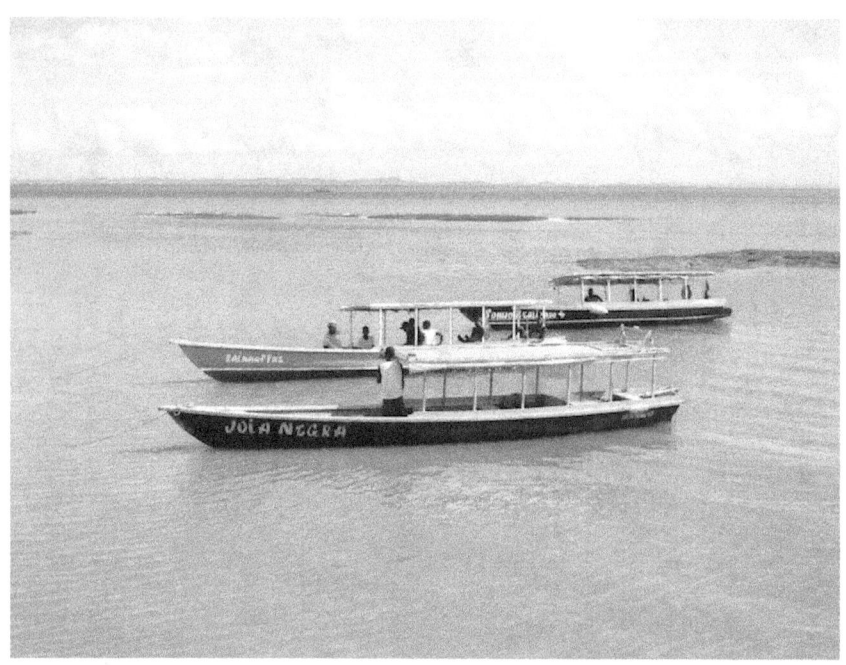

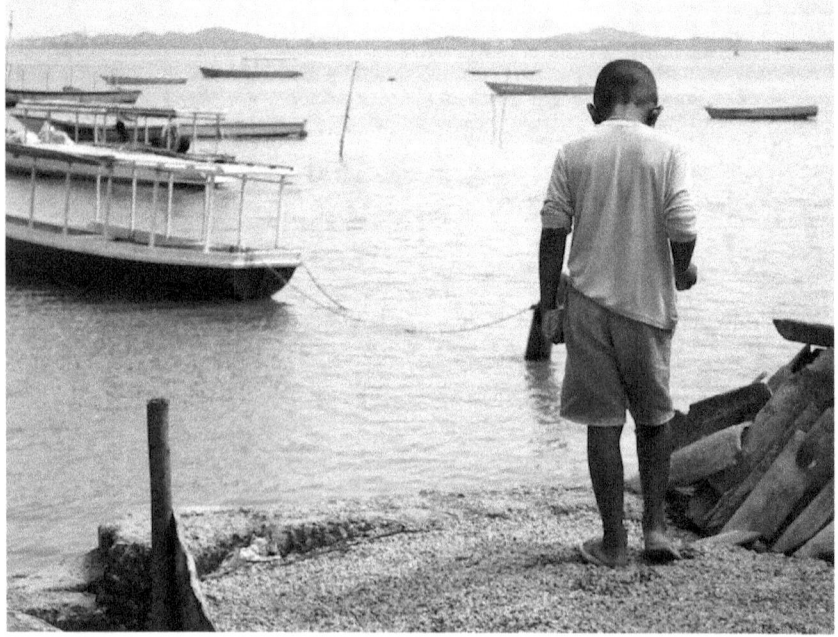

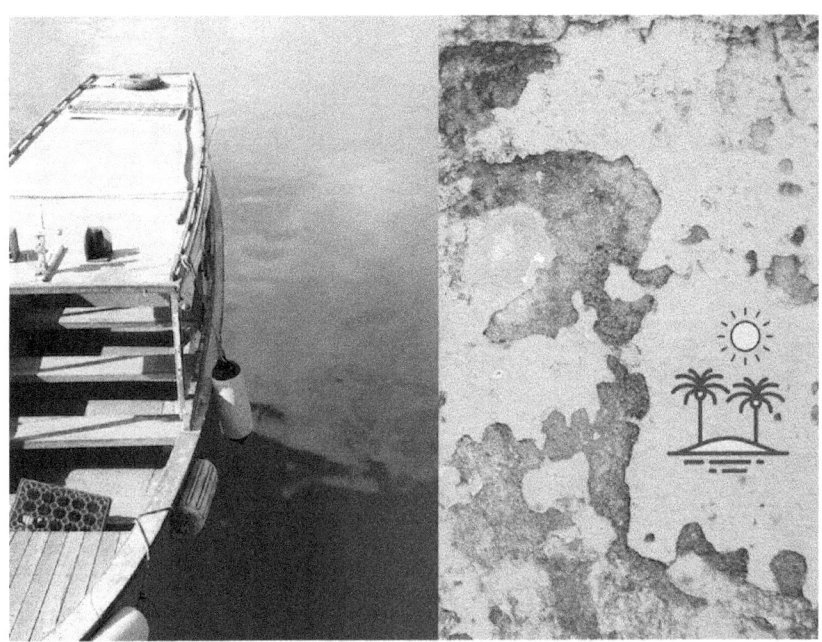

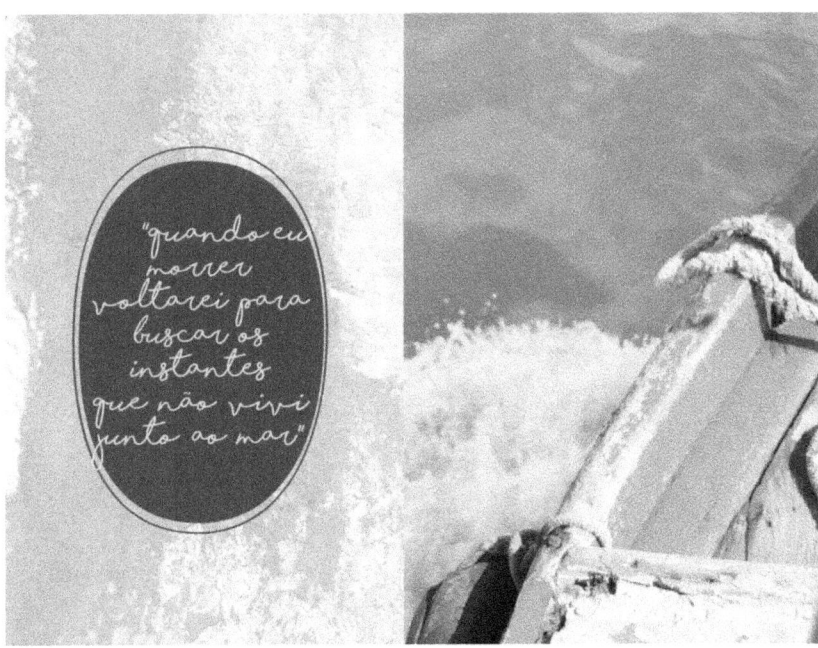

"quando eu morrer voltarei para buscar os instantes que não vivi junto ao mar"

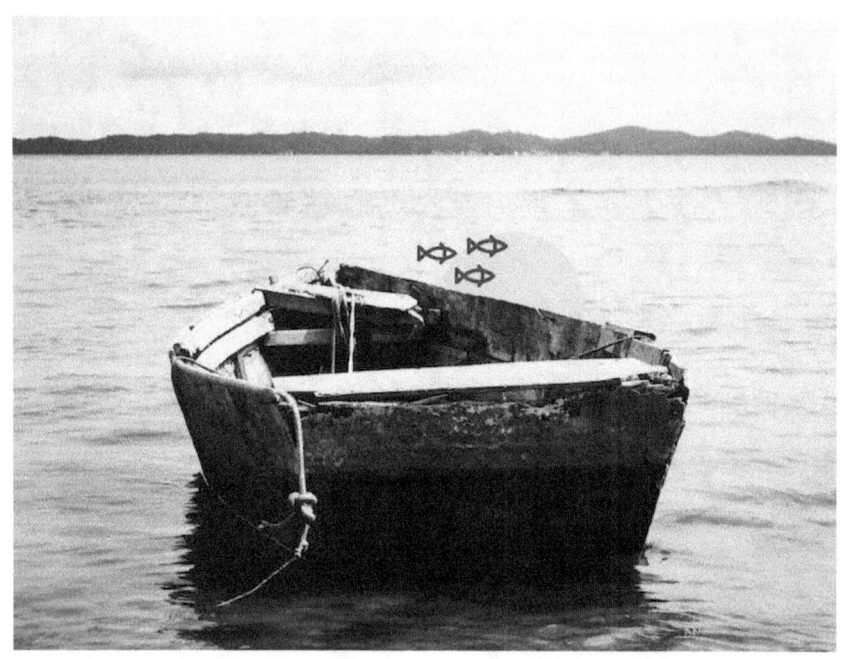

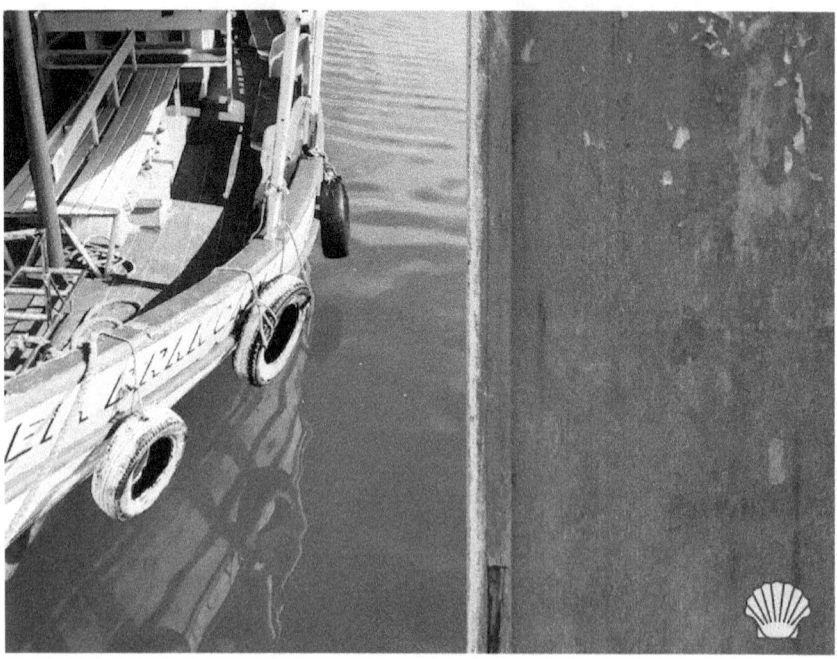

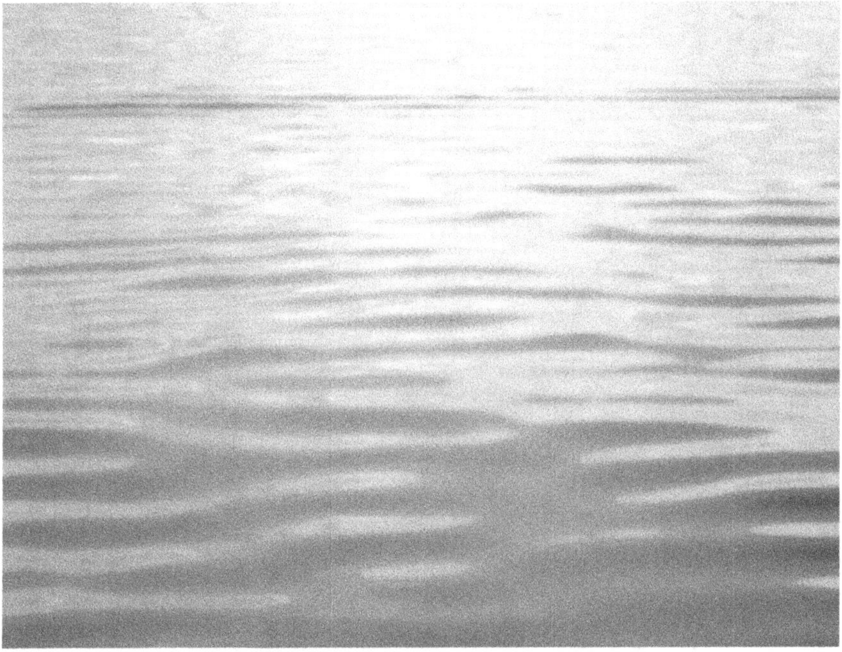

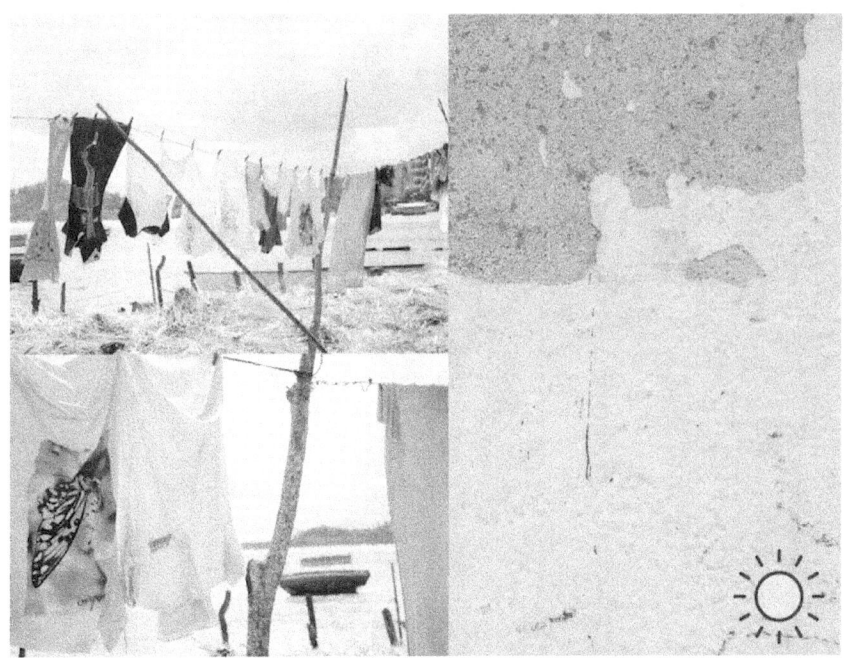

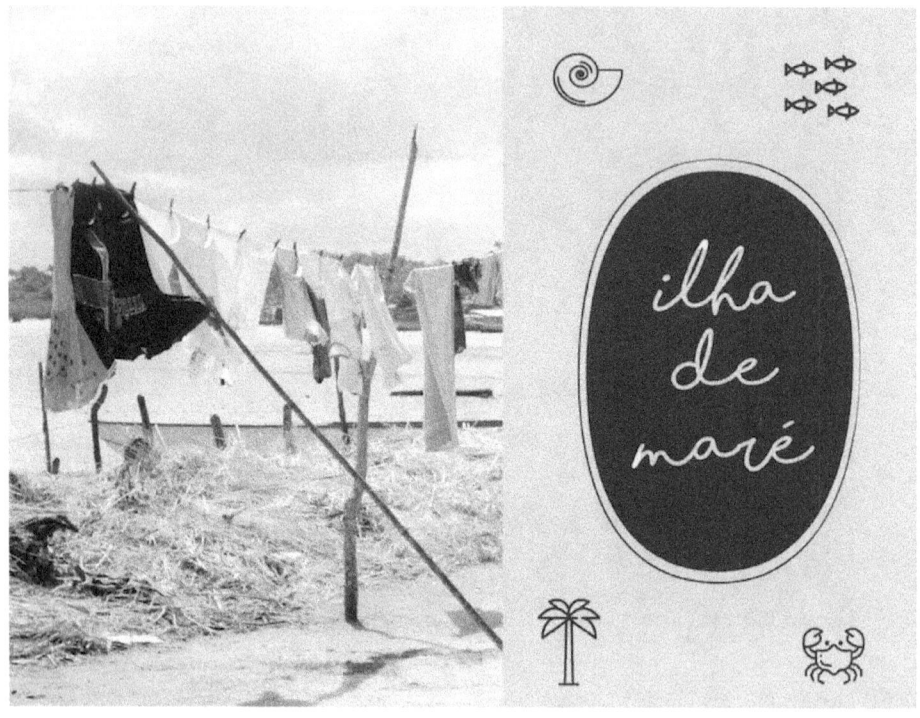

Emaranhados
Andressa Melo

O ato de caminhar tornou-se tão natural como respirar, reproduzimos de forma automática, ao caminhar não pensamos em qual pé mover primeiro, ou qual a distância de um passo para outro. Muitos usam a caminhada para meditar, organizar os pensamentos, como prática esportiva, peregrinação ou até mesmo como ato político. Existem diversos exemplos de caminhadas, uma delas foi a Marcha do Sal em 1930, feita por Mahatma Gandhi e seus seguidores, eles percorreram por quase 400 km em 25 dias até o litoral do Oceano Índico. Sua caminhada foi um ato de desobediência civil contra o monopólio britânico, ao chegar Gandhi tomou em sua mão um pouco de sal do mar, esse ato representava que o sal pertencia aos indianos, e que estes podiam produzir seus próprios suprimentos.

Os exemplos de estudiosos, religiosos, e figuras históricas que usavam a caminhada para além da locomoção são inúmeros, esses exemplos mostram a diversidade de objetivos e significados que o caminhar pode ter. A caminhada também pode ser usada como arte, diversos artistas usam o caminhar para produzir arte, o artista Richard Long inseriu o caminhar em várias de suas obras. Na obra "A line made by walking", Long percorreu o mesmo caminho até que uma trilha fosse formada a partir da sua caminhada, nessa obra ele usou a caminhada para mostrar os impactos que até mesmo um ato tão comum pode causar na natureza.

Usar o ato de caminhar dá ao artista variadas formas de produzir arte, a própria caminhada pode ser essa obra artística, um desenho, foto, vídeo, ou um bordado que foi a forma que escolhi para expressar os efeitos da caminhada em mim. Ao participar da ACCS "A Arte de Caminhar", que teve como um dos objetivos explorar os diversos significados que a caminhada pode ter, as diferentes formas de caminhar e sua relação com a arte, pude experimentar de perto as boas sensações que o caminhar proporciona. Caminhar pela Ilha de Maré foi uma experiência sem igual resgatou lembranças da minha infância, propiciou inúmeras emoções, me permitiu conhecer diferentes pessoas, ouvir suas histórias e eternizar momentos através de fotografias. Até mesmo a exaustão corporal, o suor que derramei eram provas da caminhada, eram marcas deixadas pelo caminhar.

Escolhi como produção artística intervir nas fotografias da caminhada através do bordado, utilizando linha e agulha criei novos elementos nas fotos, preenchendo vazios, acrescentando novas formas e criando novas relações. Nomeei a produção de "Emaranhados" por me remeter a algo envolto por fios, sem ordem definida, que é exatamente minha intenção ao bordar as fotos, envolvê-las pela linha alterando aquele momento e criando novos significados.

Referências Bibliográficas

SOLNIT, Rebecca. **A história do caminhar.** São Paulo: Martins Fontes, 2016.

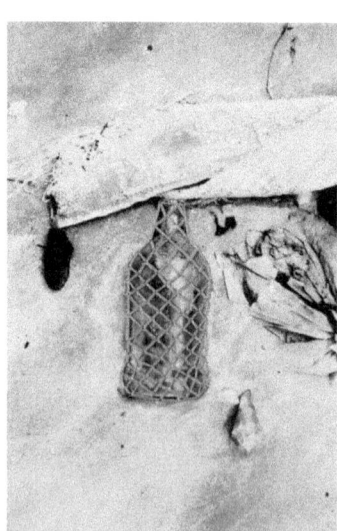

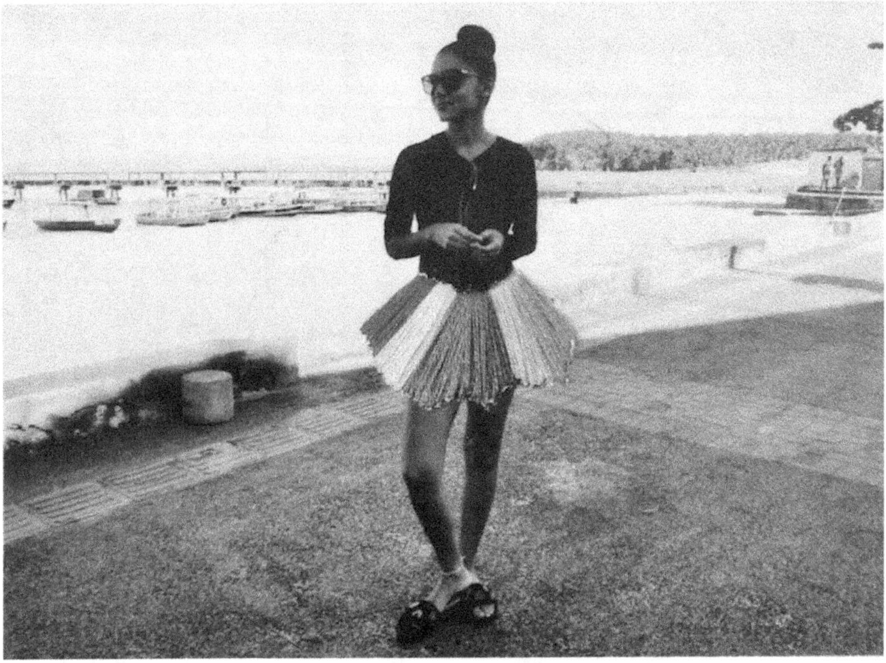

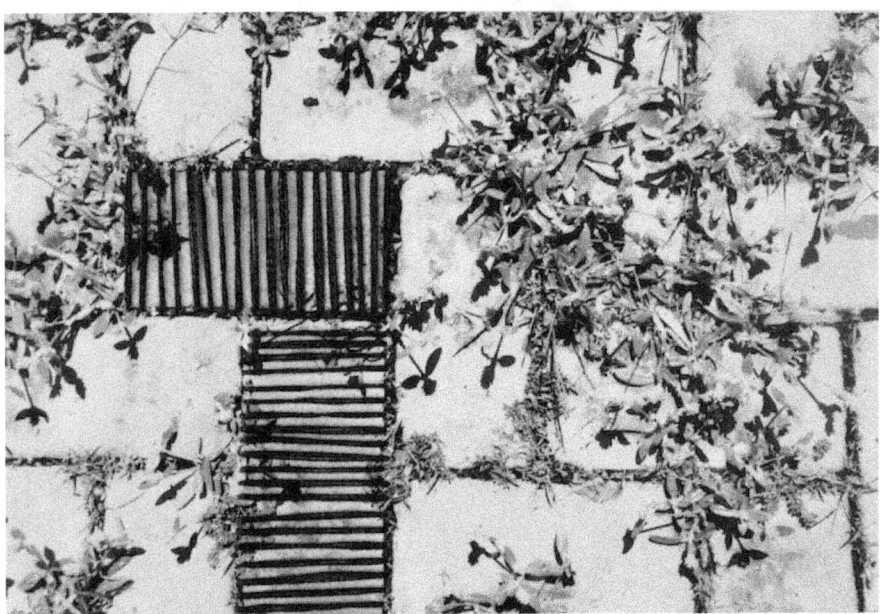

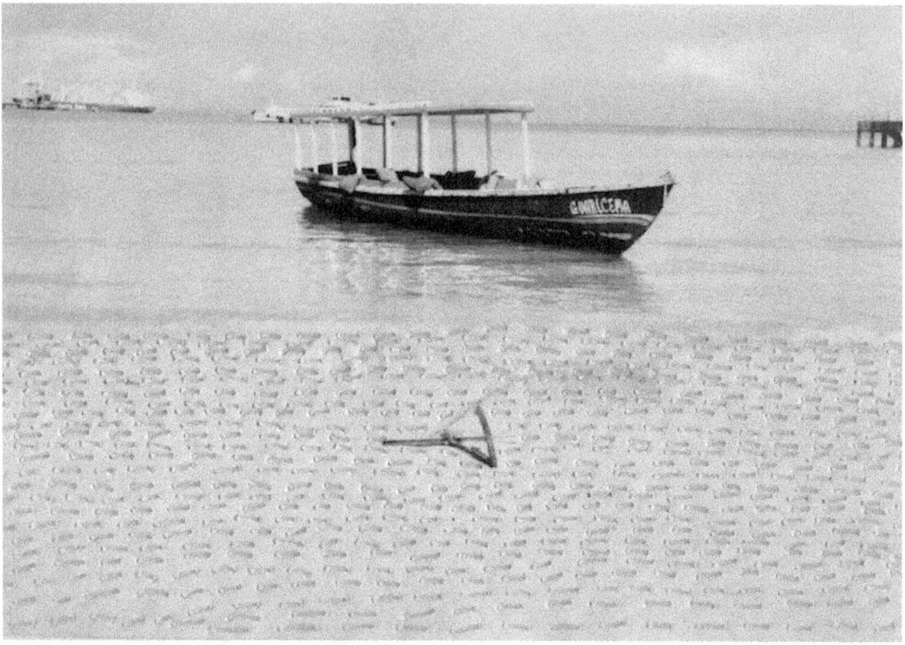

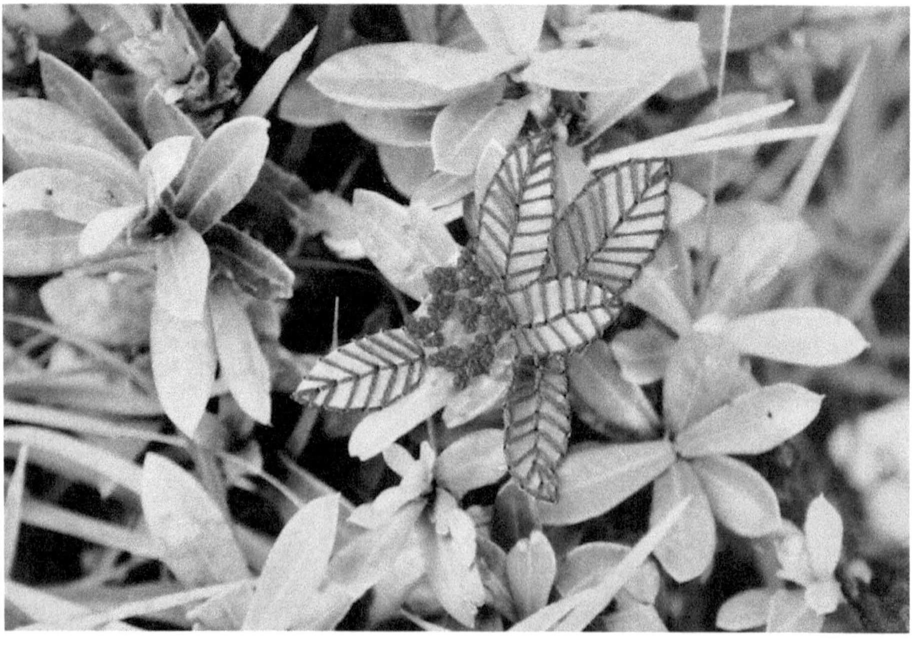

String Art
Ilmara Souza

Transpassar o ato mecânico de caminhar e fazer dele uma arte, significa que nos encontramos em determinados pontos, que esses caminhos se entrelaçam, se afastam, retornam e o ponto de início, também é o ponto de término, onde podemos retornar, nos reconectar com a natureza, pois, fazemos parte dela, e assim seguir a caminhada como um ciclo, da mesma maneira que a natureza.

Fotos de: Giulia Pita, Caruma Obi, Susan Rodrigues e Ilmara Souza.
Informações do quadro:
Dimensões - 55x44
Técnica – String Art

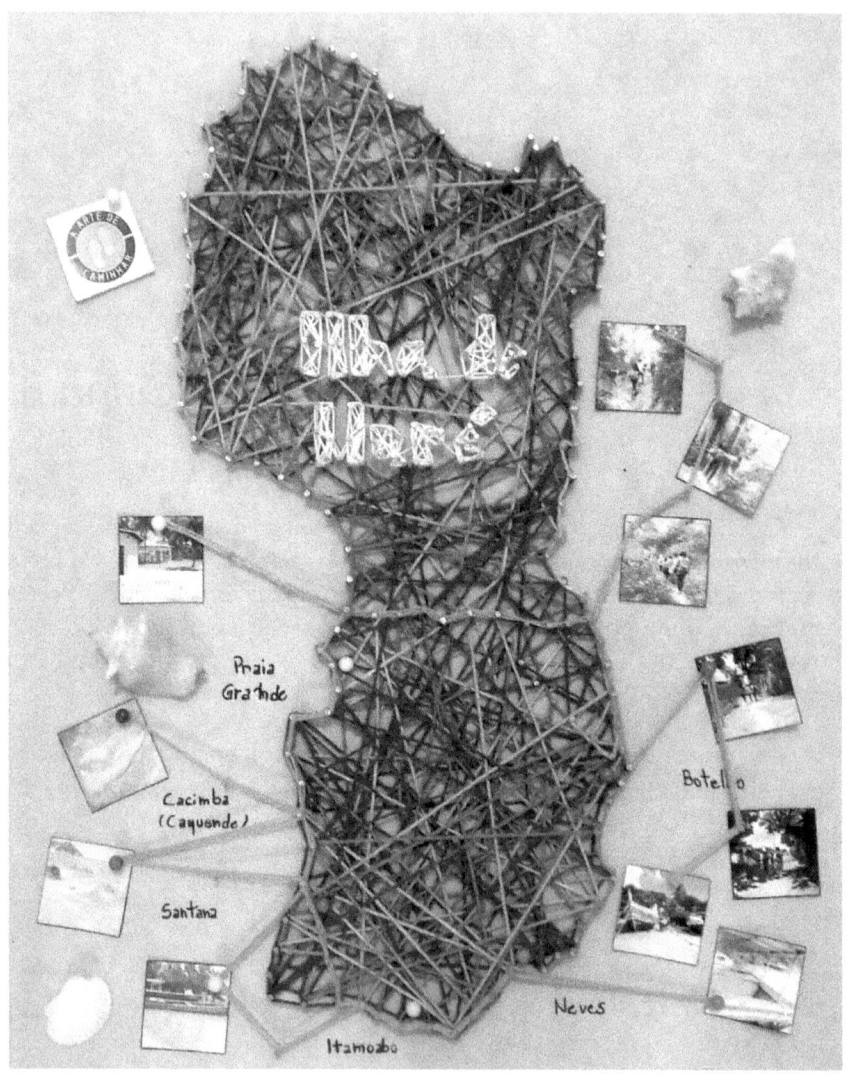

É bom colecionar coisas

Wilian Carmo

"É bom colecionar coisas, mas é melhor caminhar. Porque caminhar também é uma forma de colecionar coisas: as coisas que a gente vê, as coisas que a gente pensa. Esse processo é facilitado pela renovação da paisagem, seja ela rural ou urbana, e pelo próprio automatismo do ato de caminhar."
Anatole France

É extremamente interessante a imensidão de sensações incríveis quando nos colocamos dispostos a fugir da zona de conforto, quando permitimos o contato, a troca de informações com a natureza e com as pessoas que compõem um determinado espaço. O "observar" ganha uma nova configuração, não antes como um "olhar colonizador": formado diante de um mundo caótico, atormentado pelo fantasma da globalização perversa, o qual se torna extremamente robótico ao longo das sensações e vivências. Desta vez, o olhar, a observação, o sentir, tornam-se objetos de destaque dentro de um contexto baseado na troca mútua de experiências, sejam elas concretas ou abstratas. Conhecer histórias, pessoas, provar novos sabores (aqui, me refiro ao maravilhoso doce de banana de Adenilton), e acima de tudo, estabelecer vínculos com pessoas tão diferentes das quais estou acostumado a conviver, foram algumas das milhares de sensações que permearam a minha participação na ACCS.

Desta forma, fui inspirado a fotografar cada momento singular com essas pessoas, cada caminhada, sorriso, e "cara feia" por estar sujando os pés, cada canção compartilhada no barco, e todo laço fraterno que iria se formando...

Para que no final, pudesse criar uma teia de relações, as quais vão se desenvolvendo ao longo da troca mútua de experiências. Gostaria de agradecer aos alunos e professores da Escola Municipal de Ilha de Maré, pois sem eles, o meu projeto nem sairia, bem como, tais vivências não seriam possíveis.

Referência Bibliográfica:

FRANCE, Anatole. O crime de Sylvestre Bonnard. Tradução: Marcos de Castro. Rio de Janeiro: Record, 2007

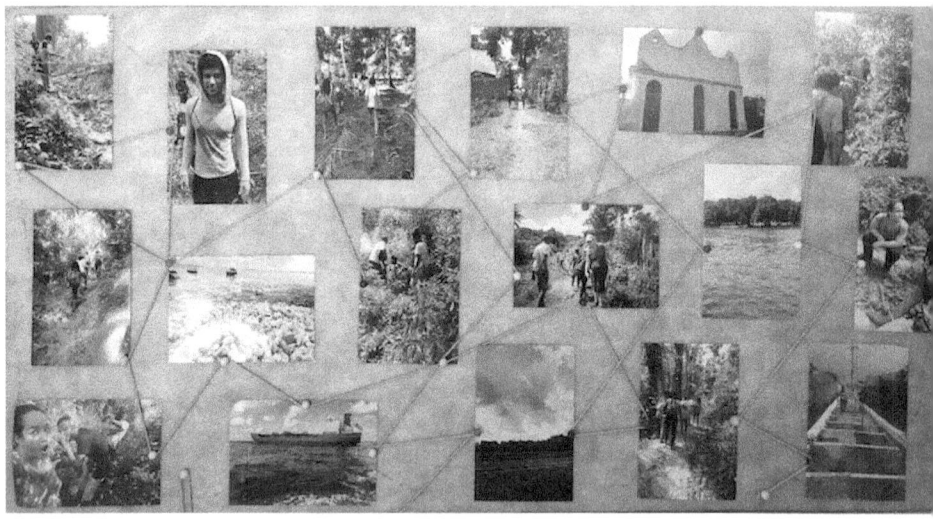

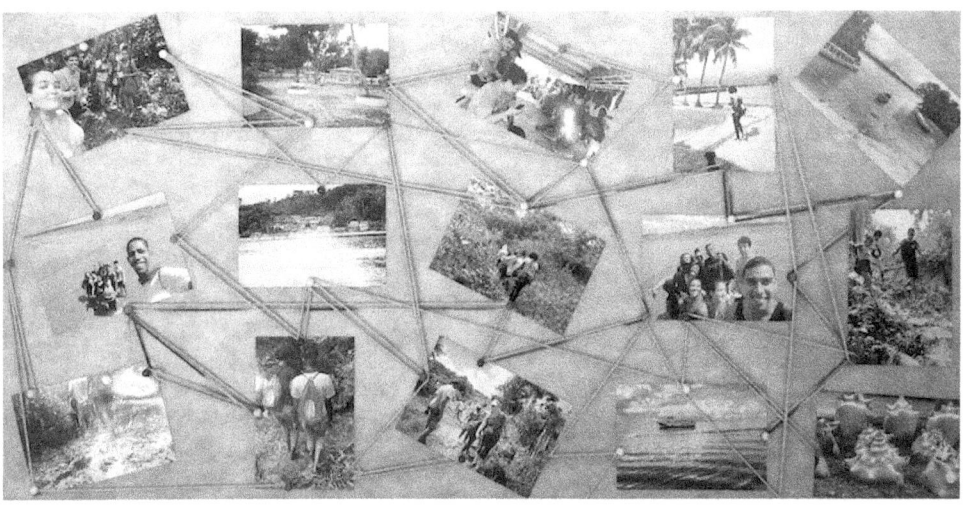

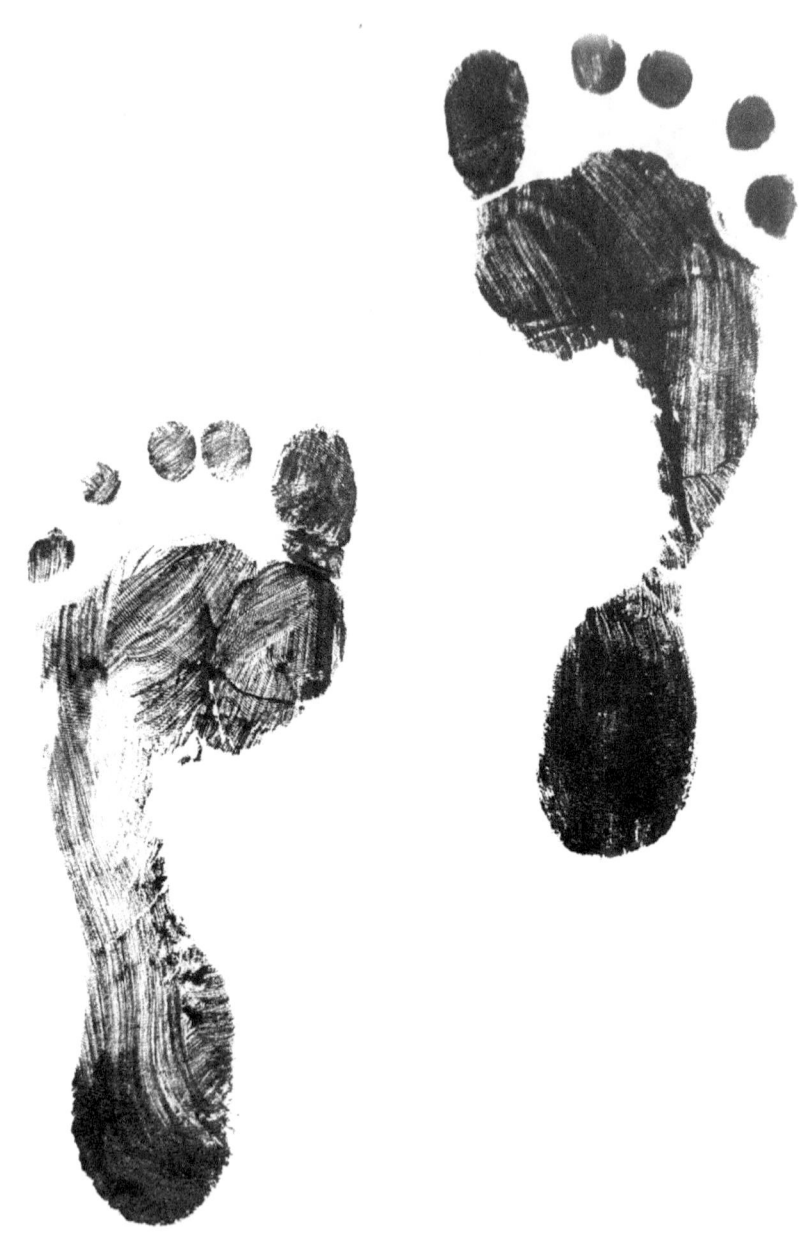

Marcas do Solo
Giulia Pita

O que é arte? Um dos problemas clássicos é estabelecer uma definição do que é arte. Nos dicionários sua definição são tantas e tão diversas, que o termo, cada vez mais, evidencia o tamanho da sua complexidade. Mesmo não sendo passível de ser definido por completo, manifesta em diferentes âmbitos, o desenvolvimento, criação de uma atividade que expressa e se baseia em emoções e sentimentos dos artistas. O caminhar por si, é uma arte, pode ter diferentes intuitos e formas de expressão. Caminhar para relaxar, aliviar estresses, pensar, decidir coisas, por saúde, e até mesmo como um ato político. Com finalidade ou sem finalidade, caminhar apenas por caminhar já é considerado arte. Para diferentes pessoas, a necessidade de refúgio na caminhada pode ter distintas representações e transformações, tanto para o corpo quanto para mente. O escritor francês Anatole France (1844-1924) faz uma comparação entre o fato de colecionar coisas e o caminhar. Ele diz que "é bom colecionar coisas, mas é melhor caminhar. Porque caminhar também é uma forma de colecionar coisas: as coisas que a pessoa vê, as coisas que a pessoa pensa". Dessa forma, toda caminhada resulta em um processo de coleção e desse processo, a obtenção de conhecimento e de algo que em si, já não se tinha antes. Uma nova paisagem, uma nova história, novas pessoas, novos pensamentos, novas perspectivas e novas formas de enxergar o mundo.

A ida para Ilha de Maré com o propósito de caminhar, conhecendo e interagindo com os habitantes e com a natureza, desperta e despertou sentimentos diferentes do que antes sentidos em caminhadas por locais conhecidos. A ida para um local com intuito apenas de caminhar, gera um processo de autoconhecimento, inspiração e coleção, que foi sentido por todo o grupo participante da caminhada. Risadas, cansaço, conversas, distrações, plenitude, conhecimento e descoberta do novo e do outro. Esse trabalho, portanto, com a representação do mapa da ilha de Maré com fotos dos diferentes tipos de solo encontrados durante os dois dias de caminhada, retrata a diversidade existente tanto na arte, no caminhar, quanto na subjetividade presente em cada um.

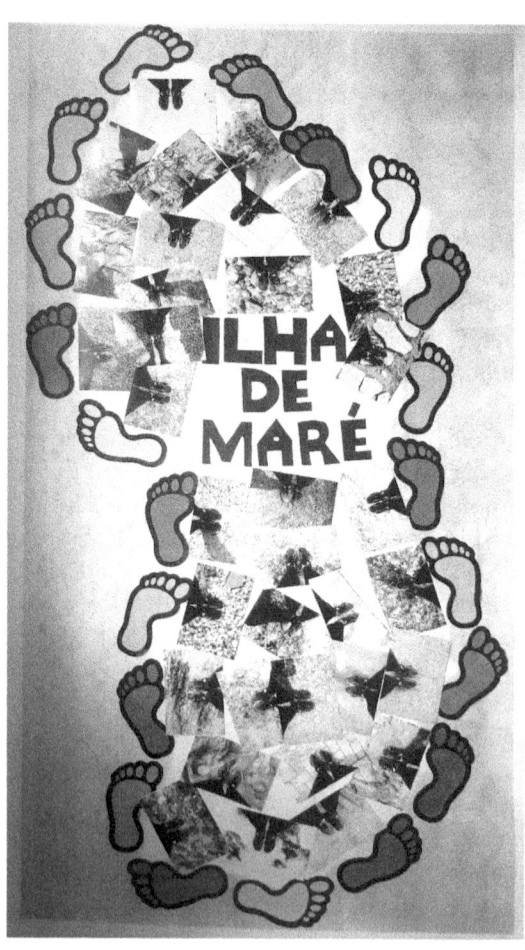

O que e que a Ilha tem?

Caruma Obi

Ao pensar em produzir uma arte através das caminhadas em Ilha de Maré, quis demonstrar a beleza da ilha. Pensei em poder instigar outras pessoas, que como eu, não tiveram a oportunidade de conhecer este município da cidade do Salvador. Tentei retratá-la de diversas formas, com origami, papietagem, com maquete, porém o resultado não saia como o esperado, ou eu não conseguia tirar o projeto do plano das ideias.

Passei dias olhando as fotos, sem saber como concluir uma representação da caminhada, quando avistei o estojo de lápis de cor do meu sobrinho, procurei uma folha de papel e resolvi expressar a imagem que eu sentia quando pensava em "Ilha de Maré".

A arte de colorir foi bem relaxante e descobri como poderia retratar o passeio. Desta vez resolvi usar a tinta para relembrar da terra que nos enlameou na travessia de Praia Grande em direção a Botelho por dentro da mata em um período chuvoso. Entre subidas e descidas, escorregões, queimaduras de urtiga e picadas de insetos, embarcamos de volta, da lama ao caos do outro lado do mar, desta forma:

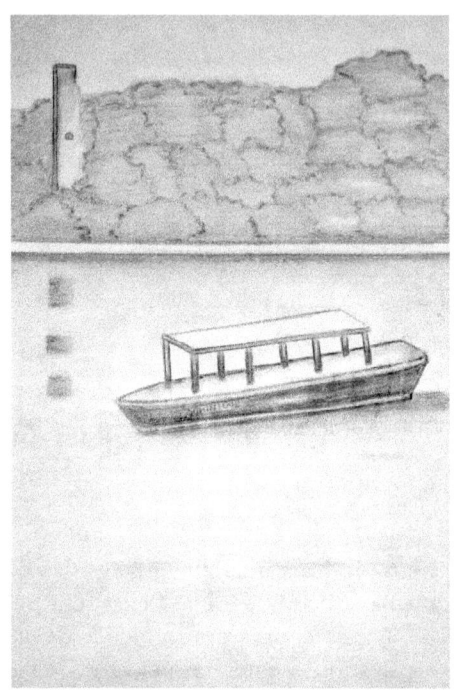

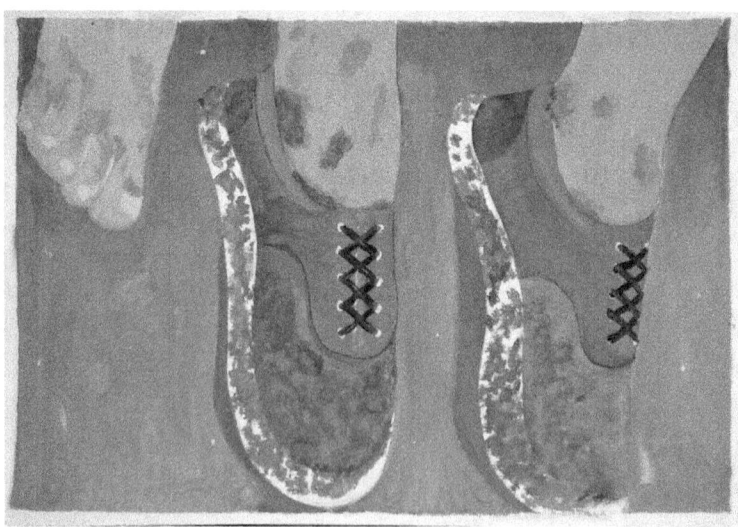

A segunda caminhada foi pela praia dando atenção a natureza, quando subi uma escadaria alta para apurar a natureza de lá de cima, tive uma linda visão da Ilha, da baía, conheci lagartas, gafanhotos e uma bela igreja.

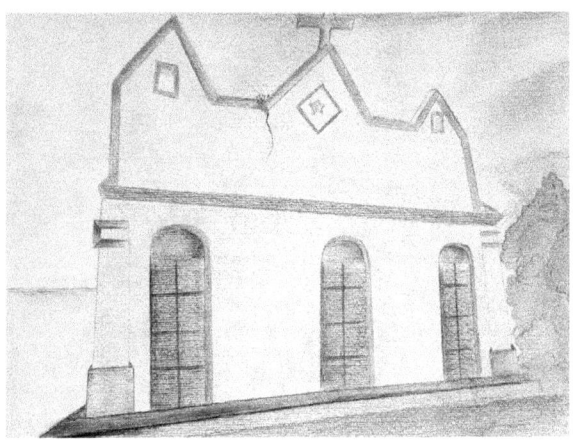

Querendo ficar, tive de me despedir do paraíso com desejo de voltar, já estou convencendo a minha família e amigos a irem conhecer esse pedaço do céu escondido na Baía de Todos os Santos. Essa imagem retrata a despedida com gostinho de quero mais.

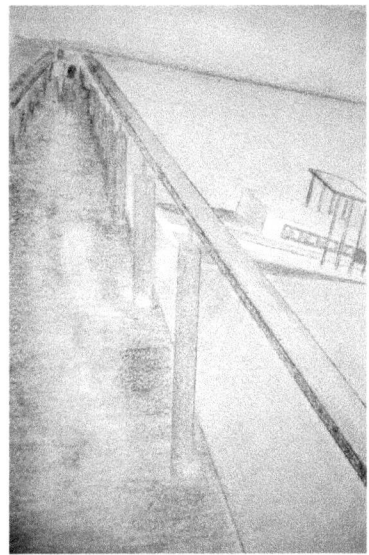

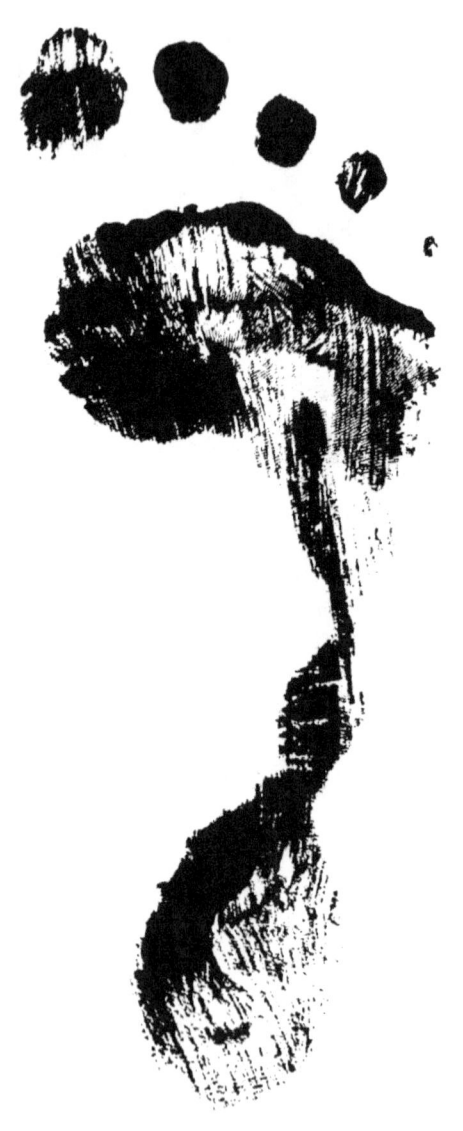

Percursos
Eduarda Bango

A arte de caminhar não se trata da chegada à um destino. O destino pode ser o final de uma caminhada, mas é o seu percurso que faz dela singular. As caminhadas feitas em Ilha de Maré, me levaram a produzir duas telas em tinta acrílica, uma para cada dia. São retratos do que vi e senti durante o percurso.

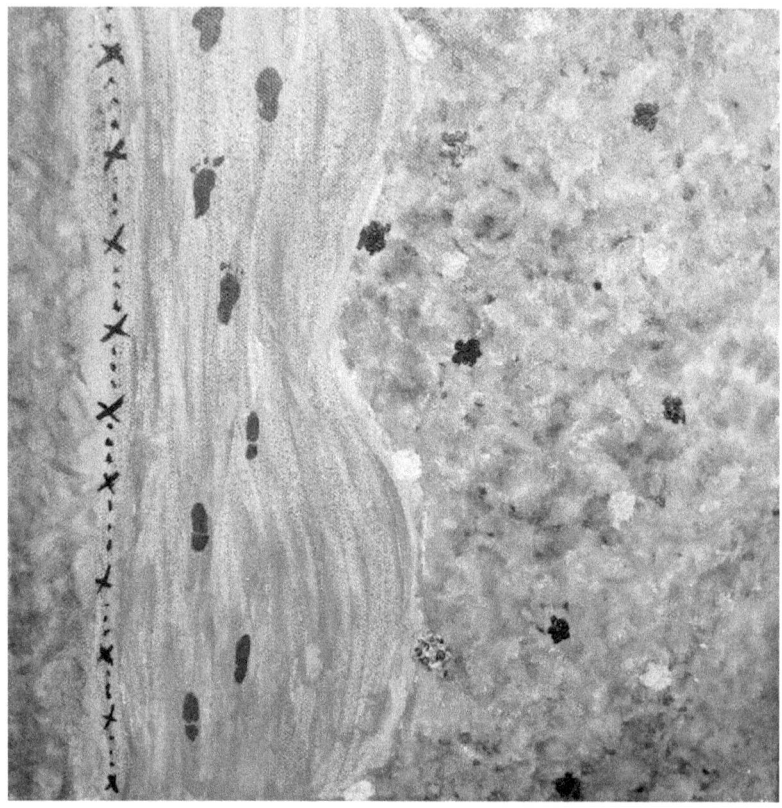

No primeiro dia eu estava imatura, inocente e ansiosa. Era um dia de sol quente. Adentramos a mata fechada, andamos na lama e respiramos ar puro e úmido. As cores estavam saturadas, vivas. Havia muito verde, alguns pontos vermelhos, amarelos das flores e dendê. A primeira caminhada ficou marcada por diversas pegadas das pessoas do grupo.

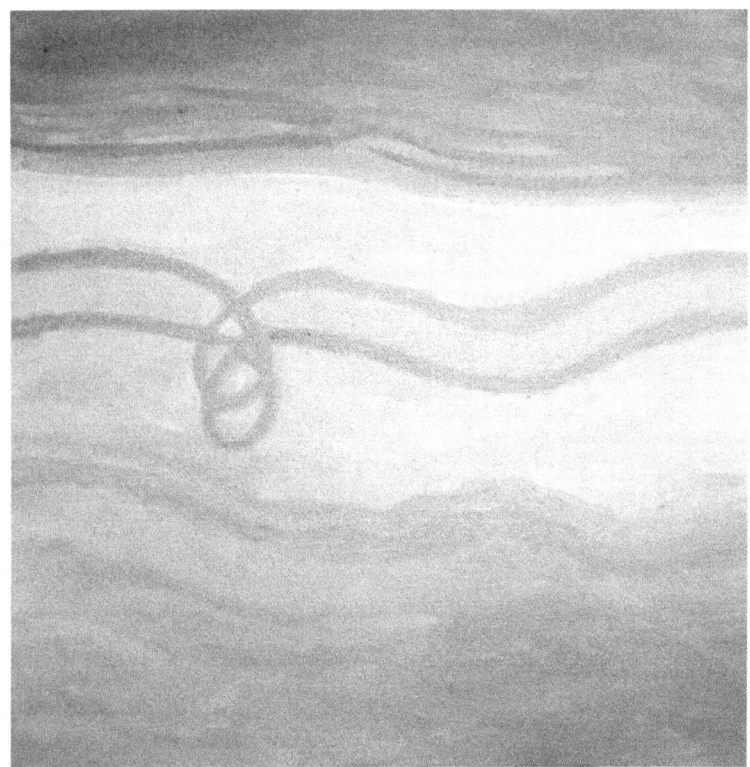

O segundo dia estava frio e chuvoso, me senti mais preparada para ousar outras formas de caminhar. Engatinhei, saltitei e arrastei os pés desenhando na areia. A caminhada foi realizada pela praia e havia uma certa calma nos tons de azul e cinza que nos rodeava. As pedras marcadas pela água do mar davam a sensação de reflexo, como se eu estivesse entre um mar de água e um mar de pedra. Sentir a caminhada, de fato foi mais aproveitador do que simplesmente correr até meu destino final.

O Caminhar
Alessandra Mariano

Eu sou feita da minha caminhada.
Os caminhos que percorri me construíram e continuam a me transformar.
O caminho esculpe o caminhante.

Essa obra reflete o pensamento de que o corpo do caminhante é feito do mesmo material do solo onde ele pisa, materializando a ideia de que caminho e caminhante estão profundamente unidos.

A obra foi feita com lascas de tronco de árvores, coletadas durante a caminhada em Ilha de Maré, coladas sobre uma placa de madeira compensada.

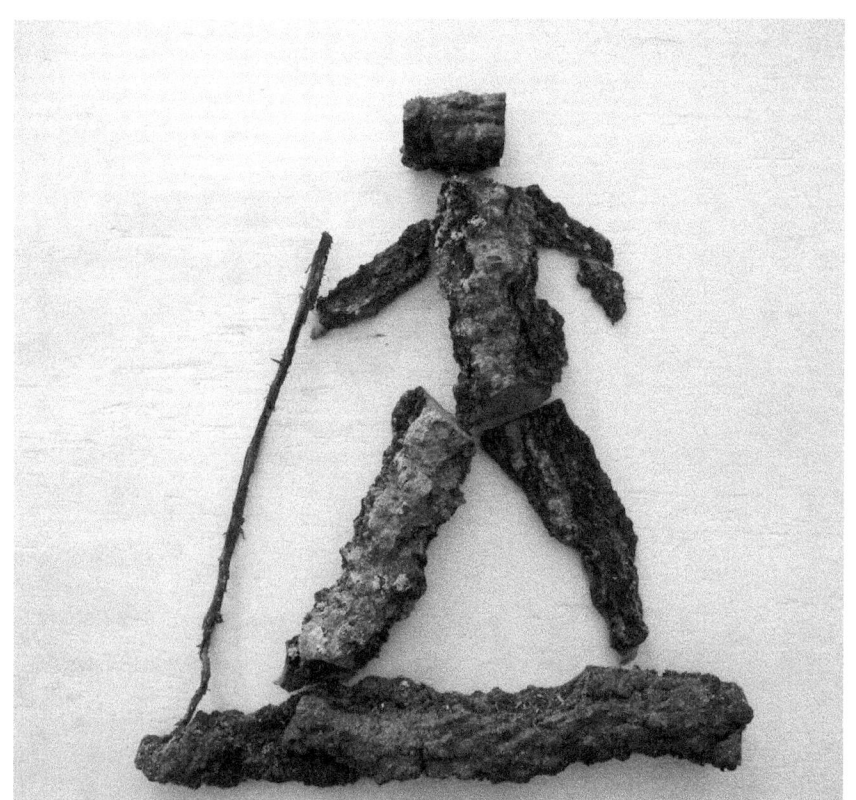

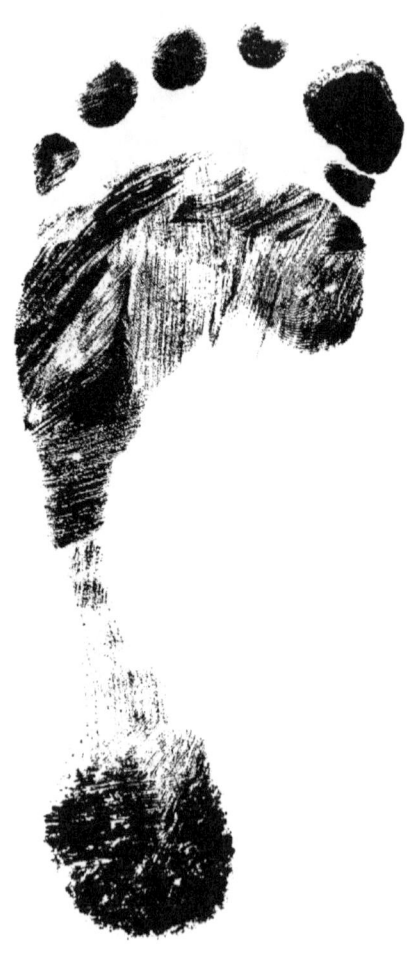

"Todos os pensamentos verdadeiramente grandes são concebidos durante uma caminhada".

Friedrich Nietzsche

Biografias

Alessandra Mariano. Arquiteta baiana, interessada em formas de viver harmonizadas com a natureza. Desenvolve projetos de arquitetura bioclimática, focando no uso de recursos naturais com baixo impacto ambiental. Estudos na área de construções de terra crua, de bambu e eficiência energética das edificações.

Andressa Melo. Graduanda em Bacharelado Interdisciplinar de Artes na Universidade Federal da Bahia. Bolsista PIBIC no grupo de pesquisa Ecoarte. Interessada em arquitetura, praticante do bordado livre como forma de manifestação artística e lazer.

Caruma Obi. Indígena e estudante do Bacharelado Interdisciplinar em Saúde. A união de natureza, caminhada e arte é a forma perfeita de integrar em uma universidade esta pessoa apaixonada pela natureza, adora caminhar e amante das artes.

Daniel Maurício de Aragão. Professor do IHAC e do Mestrado Acadêmico em Relações Internacionais da UFBA. Desenvolve pesquisas em estudos críticos da globalização e da governança global, direitos humanos, atores não-estatais e cooperação internacional para o desenvolvimento.

Eduarda Bango. Graduanda no Bacharelado Interdisciplinar em Artes na Universidade Federal da Bahia, sua área de interesse é Cinema e Audiovisual. Participou de algumas produções audiovisuais e atualmente trabalha como videografista. Deseja trabalhar como roteirista e diretora de arte para cinema.

Giulia da Silva Pita. Graduanda da Universidade Federal da Bahia no curso de Bacharelado Interdisciplinar em Humanidades. Área de interesse voltada para questões relacionadas aos estudos da sociedade contemporânea com foco nas questões de gênero.

Iara Crepaldi. Nascida em São Paulo, jornalista, fotógrafa e colaboradora do grupo de pesquisa Ecoarte, Iara Crepaldi desenvolve pesquisa de cunho artístico-ativista sobre as ilhas da Baía de Todos os Santos.

Ilmara Silva A. de Souza. Graduanda no Bacharelado Interdisciplinar em Artes na Universidade Federal da Bahia. Gosta de trabalhar com música, argila, gravura, crochê e unificar as diversas linguagens artísticas em seus trabalhos. Tem interesse pelas questões relacionadas a natureza, sociais e educacionais.

Karla Brunet. Artista e pesquisadora, participou de diferentes exposições de artes visuais e arte eletrônica no Brasil e exterior. Atualmente, é professora do IHAC/UFBA e coordena o Grupo de Pesquisa Ecoarte, onde pesquisa e desenvolve projetos de interação entre arte, tecnologia e natureza.

Marcela D'almeida, estuda Publicidade e Propaganda UNIFACS e Bacharelado Interdisciplinar de Artes na Universidade Federal da Bahia. Trabalha com design e fotografia, mas gosta de se arriscar em tudo (ou quase tudo) que envolva arte e natureza.

Monique Feitosa. Graduada em Direito, graduanda do Bacharelado Interdisciplinar em Artes na Universidade Federal da Bahia. Bolsista Pibic na Ecoarte. Área de interesse voltado para fotografia e cinema.

Natália Lima Figueiroa. Licenciada, mestre e doutoranda em Ciências Sociais pela Universidade Federal da Bahia. Dedica especial atenção às temáticas que envolvem corporeidade, saúde e movimento. Pesquisa caminhada atuada como atividade física na cidade de Salvador.

Nete Teixeira Amorim. Licenciada em Biologia. Especialista Lato Sensu em Preceptoria do SUS- Ministério da Saúde. Graduanda do Bacharelado Interdisciplinar em Saúde na Universidade Federal da Bahia.

Raphael Dutra. Estudante do Bacharelado Interdisciplinar em Artes na Universidade Federal da Bahia, fotógrafo, monitor do Labfoto, interessado em fotografia artística e documental, atualmente desenvolve o projeto Bogary Zine.

Rodrigo Araújo C. De Oliveira. Graduando do Bacharelado Interdisciplinar em Humanidades da Universidade Federal da Bahia. Gosta de trabalhar fora de sala de aula e encarar a realidade fática do seu objeto de estudo. Tem interesse nas relações interpessoais e de poder da sociedade e o modo delas se relacionarem com o espaço.

Susan Rodrigues. Estuda Cinema e Audiovisual. Atualmente trabalha como produtora no coletivo Gran Maître Filmes. Sua grande área de interesse é direção de fotografia para cinema, onde é possível explorar e passar diferentes sensações através de imagens.

Walter Wagner Lemos Alves Junior (Itanhém, BA, 1998). Atualmente, mora em Salvador e cursa o Bacharelado Interdisciplinar de Saúde na Universidade Federal da Bahia. Pretende entrar no curso de medicina por gostar da área e nas horas vagas pratica esportes como futebol, vôlei, basquete, etc.

Victor Augusto de Morgado Chaves. Baiano, 22 anos. Estudante do curso Bacharelado Interdisciplinar em Artes na Universidade Federal da Bahia - UFBA, desenhista e escritor de contos e poesias, além de possuir olhar interessado e contemplativo sobre as áreas de fotografia, cinema e tatuagem.

Sugestão de bibliografia

BLOCK, E.; RAMSDEN, H. **The Walking Project: Desire Lines, Walking and Mapping Across Continents**. Disponível em: http://leoalmanac.org/gallery/locative/walking/index.htm. Acessado em: Novembro 2017

BRADY, E. **Aesthetics of the natural environment**. In: PRATT, V.; HOWARTH, J.; BRADY, E. (Eds.). Environment and Philosophy. London and New York: Routledge, 2000.

CADOGAN, G. **Walking While Black**. Literary Hub. Disponível em: https://lithub.com/walking-while-black/ . Acessado em: 27 de Abril 2017

CARERI, F. **Walkscapes: O Caminhar como Prática** Estética. Prefácio de JACQUES, P.; tradução BONALDO, F. São Paulo: Editora G. Gili, 2013.

COVERLY, M. **A arte de Caminhar: O Escritor como caminhante**. São Paulo: Martins Editora Fontes,2015.

CARLSON, A. **Aesthetics and the environment: the appreciation of nature, art, and architecture. London** ; New York: Routledge, 2002.

CARLSON, A. **Nature and landscape: an introduction to environmental aesthetics**. New York: Columbia University Press, 2009.

DAVIDSON, R. **Trilhas**. Tradução FALCK-COOK, C. Editora Pensamento-Cultrix Ltda, 2015.

DEBORD, G. **Teoria da deriva.** Disponível em: http://br.geocities. com/anopetil/teoriaderiva.htm. Acessado em: Janeiro 2017

EVANS, D. **The Art of Walking: A Field Guide.** London: Black Dog Publishing, 2012.

GUATTARI, F. **As três ecologias.** Campinas, São Paulo: Papirus, 2008.

GROS, F. **Caminhar, uma filosofia.** São Paulo: É Realizações Editora, 2010.

HERZOG, W. **Of Walking In Ice.** University of Minnesota Press; Edição: 1, 2015

KASTNER, J. WALLIS, B. **Land and Environmental Art.** Phaidon Press, 2010.

LIPTON, A.; WATTS, P. **Ecoart: ecological art.** In: STRELOW, H.; DAVID, V. (Eds.). . Ecological aesthetics. Art in environmental design: theory and practice. Basel ; Boston: Birkhauser, 2004.

MACDONALD, G. **Bodies Moving and Being Moved: Mapping affect in Christian Nold's Bio Mapping.** Somatechnics, v. 4, n. 1, p. 108–132, mar. 2014.

MARIN, A. A. **Educação ambiental nos caminhos da sensibilidade estética. Inter-Ação,** v. 31, p. 277–290, 2006.

O'ROURKE, K. **Walking and Mapping. Artists as Cartographers.** Cambridge, Massachusetts, London, England: MIT Press, 2016.

ROSS, W. **The greening of art: ecology, community and the public domain. History,** v. 23, n. 1, p. 175–189, 2008.

SOLNIT, R. **A História do Caminhar.** São Paulo: Martins Fontes, 2016.

TERESA, V.; BEMFICA, S. **A educação estética ambiental do olhar e do escutar : do estranhamento à criação.** RevBEA, v. 7, p. 50–62, 2012.

THOREAU, H. D. **Caminhada.** Lisboa: Antígona, 2012.

VISCONTI, J. **Novas Derivas.** São Paulo: WMF Martins Fontes, 2014.

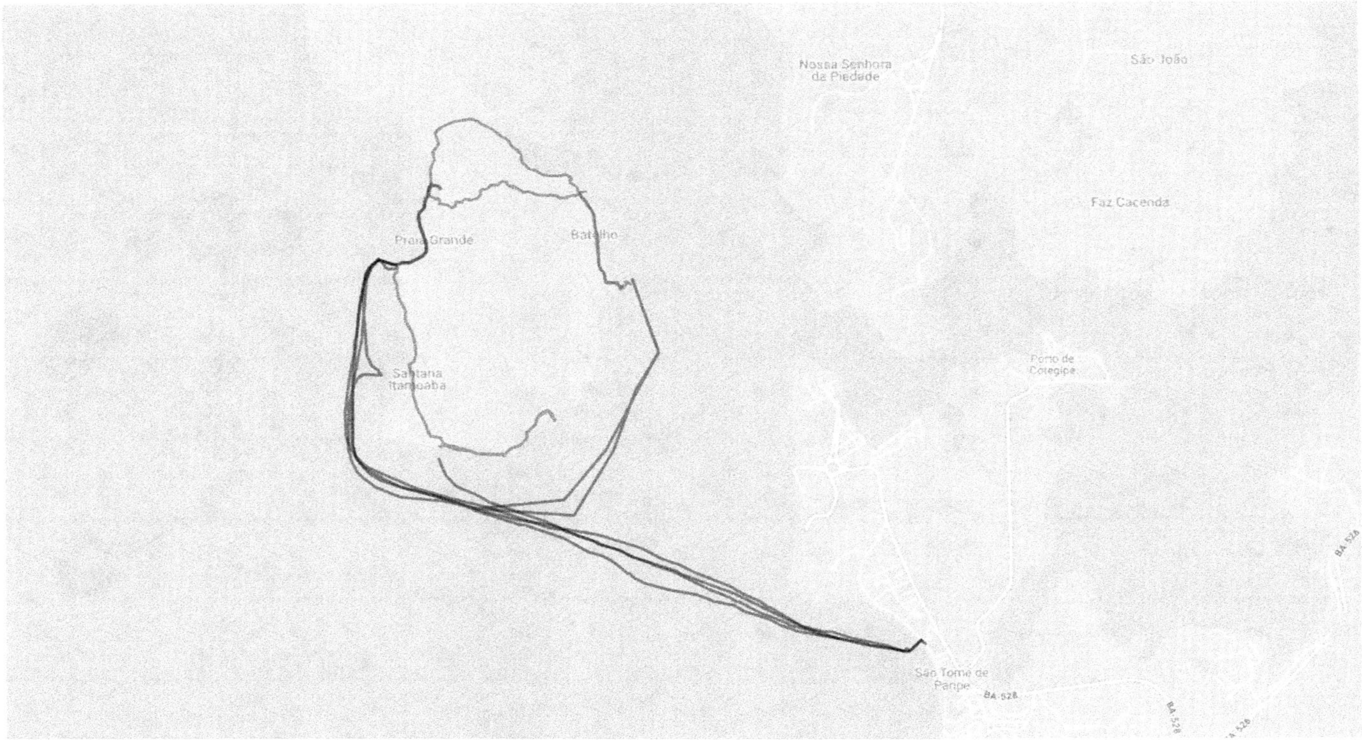

São João

Faz Cacenda

Torre de
Conceição

Nossa Senhora
de Piedade

Batatão

Praia Grande

Sabana
Itapicuru

São Torre de
Peripe

BA-528

BA-526

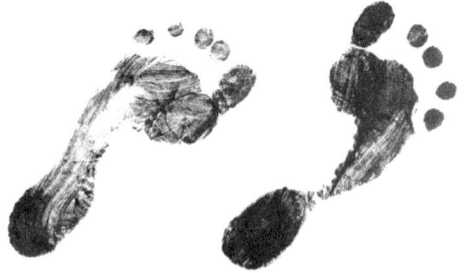

www.ingramcontent.com/pod-product-compliance
Lightning Source LLC
Chambersburg PA
CBHW051545170526
45165CB00002B/890